KB263052

이제는 요트시대!

도서출판

레저경영

이제는 요트시대!

글 / 최석호 · 박정주 · 정영종 · 이형주 · 옥성삼

사진 / 박철우

도서출판

데쎄경영

이제는 요트시대!

· 초판 인쇄　　2013년 12월 7일
· 초판 발행　　2013년 12월 7일

· 지 은 이　　최석호 외
· 펴 낸 이　　정영종
· 펴 낸 곳　　도서출판 레저경영
　　　　　　서울시 강북구 인수동 535-146
　　　　　　전화　050-5300-1305 (대표)
　　　　　　전자우편 lm@leisurelab.co.kr
　　　　　　홈페이지 http://www.leisuremanagement.com
· 등　　록　　제25100-2012-000020호 (2011.07.19.)
· 가　　격　　15,000원

ISBN　　　　878-89-969253-1-6　(Paper Book)

목 차

표 · 그림 목차

사진 목차

마이 카 시대에서 마이 요트 시대로!

한 외국인 친구의 엉뚱한 질문에 정신이 번쩍 든 적이 있다. 혹시 한국에 전쟁 났냐고 묻는 것이 아닌가! 그게 무슨 말이냐고 되물었더니 답변이 가관이다. 도심을 흐르는 저렇게 큰 강이 있는데도 불구하고 요트 한 척 없는 것은 전쟁이 아니면 불가능한 상황이라는 것이다. 곰곰이 생각해 보니 우리가 상상하는 수도 서울에는 요트가 없다. 강변도로와 올림픽대로를 달리는 자동차만 있다.

서울을 찾는 외국인들이 제일 먼저를 관심을 갖는 것은 한강이다. 도심을 가로지르는 드넓은 강에 매력을 느끼는 것은 당연지사다. 그런데 관광만족도 조사 결과에 의하면 한강의 만족도가 가장 낮다. 그도 그럴 것이 기껏 해봐야 한 해에 한 달 밖에 사용 못하는 야외수영장 콘크리트로 한강을 발라 놓았으니 오죽 하겠는가! 우리는 우리가 갖고 있는 자원을 제대로 활용하지 못한 것이다.

레저 비즈니스 또는 해양레저 시장을 확대시키는 중요한 요소 중 하나는 국민 소득수준의 향상이다. 미국이나 영국의 경우 1인당 국민소득 2만 달러를 전후한 시기에 해양레저산업이 꽃을 피웠으며, 일본의 경우에는 3만 달러를 전후한 시기에 급성장했다.

　　미국 해양제조업협회(National Marine Manufacturers Association)가 발표한 2009년 통계에 의하면 모터보트의 경우 신규시장에 참여하는 이용자의 3/4정도는 가계수입이 10만 달러 이하로 나타났다. 추정하면, 해양레저는 일인당 국민소득 2만 달러부터 4만 달러 사이에서 급성장하여 대중화된다. 우리나라는 지난 2007년 일인당 국민소득 21,695달러를 기록하여 사상 처음으로 2만 달러를 돌파했다. 2008년 미국발 금융위기로 2009년까지도 주춤했으나, 2010년 20,562달러로 2만 달러를 다시 돌파하더니 2011년에는 22,489달러로 올라섰다.

　　대한민국도 예외는 아니다. 마이 카 시대에 이어서 찾아 온 골프시대를 떠나보내고 있는 지금은 마이 요트 시대다.

요트 제조

　　국내에 요트가 처음 들어온 것은 1970년경이다. 국내에서 민간이 최초로 요트를 제조한 것은 한국외양요트협회 조만석 부회장이 만든 '씨 와이프'(Sea Wife)호다. 기업에서 제조를 시작한 것은 현대요트인데 그 때가 1975년이었다. 초기에는 주문자 상표 부착방식(OEM)으로 제조하여 주로 미국에 수출하다가, 1980년대 후반부터는 자체 브랜드로 수출을 하기 시작했다. 그러나 1990년대 초 요트제조업에서 철수했다가 최근(2008년 5

월 1일) 법인을 재설립하고 본격적인 요트제조에 다시 뛰어들었다.

현대요트 외에도 많은 기업들이 요트를 제조하고 있다. 코리아매치컵 세계요트대회 공식 세일요트 지마린(G-Marine) 호를 제조하여 공급함으로써 국내외에서 기술력을 인정받고 있는 암텍(AmTec, Advanced Marine Technlogy), 알루미늄으로 만든 고급요트 시장을 겨냥하고 있는 푸른중공업, 호주 업체와 주문자 상표 부착 방식(OEM)으로 수출 계약을 끝내고 요트제조 시설과 인력을 확충하고 있는 광동FRP산업 등이 두각을 나타내고 있다.

<국가별 요트산업 현황>

국 가	생산업체(개)	마리나(개소)	요트(척)	요트 척당 인구 (명)
미국	34,833	11,000	16,667,000	19
독일	3,5600	2,700	503,795	165
영국	4,187	565	694,270	91
프랑스	5,069	415	491,651	128
이탈리아	19,031	429	608,915	98
스웨덴	82	1,500	881,000	11
터키	3,240	65	84,868	891
중국	1,270	89	19,108	70,862
일본	90	570	327,350	390
한국	14	16	10,331	4,910

자료 : ICOMIA. 2010. *Recreational Boating Industry Statistics 2009.*
　　　 해양경찰청. 2012. 『2011년 해양경찰백서』
　　　 레저경영연구소

하지만 한국의 요트 생산업체 수나 요트 보유 척수 그리고 요트 대당 인구 등의 지표를 선진국과 비교해 보면 그 격차는 현저하다. 그럼에도 불구하고 요트제조 기술력은 이미 선진국의 70% 수준을 넘어서고 있다는 것이 업계의 중론이다. 현대요트가 시제품인 중형요트 '아산 45'를 미국시장에 선보였을 때 유력경제지 월 스트리트 저널(Wall Street Journal)이 대서특필 했다. 요트 제조 분야에 새로운 강자의 등장을 앞두고 바짝 긴장하고 있다는 것을 여실히 보여주는 대목이다. 암텍은 국제요트대회 선수용 요트공급과 요트용 엔진 공동개발에 이어서 엔트리 레벨의 대중적인 파워보트 대량생산 체제를 갖추어 가고 있다. 오늘날 세계 6대 자동차 생산국으로 성장한 대한민국 자동차산업의 초석을 놓은 1970년대 '포니' 생산에 견줄만한 엄청난 사건이 벌어지고 있는 것이다. 푸른중공업은 목포에 이어서 거제도에도 요트제조공장을 만들기 위해 이미 부지 매입을 완료하였고, 광동FRP에서 제조한 카타마란 '샹그릴라 3호'는 제주 중문에 위치한 퍼시픽랜드에서 요트 관광으로 명성을 날리고 있다.

요트 비즈니스

해양레저 비즈니스는 요트제조에 국한되지 않는다. 펄스밸브로 세계 시장의 40%를 점유하고 있는 대하기계는 '엠보트'(M-Boat)라는 이름으로 해양레저시장에 진출한 이래로 요트수입판매·요트정비·요트빌라 등으로 사업영역을 확장하고 있는 중이다.

그럼에도 불구하고 해양레저산업의 꽃은 역시 마리나다. 종합 해양레저 전문기업인 씨케이아이피엠(CKIPM)은 마리나 설계 및 개발로 그 기술력을 인정받고 있다. 수영만요트경기장·김포 터미널마리나 등 씨케이아이피엠의 손길이 닿지 않은 곳을 찾기는 쉽지 않다. 요트계류장에 사용되는 강화 콘크리트 폰툰 제조공장을 2008년 설립했고 요트계류장 건설 및 마리나 시공에도 본격적으로 뛰어들었다.

벤처건설사 코스닥 상장 제1호를 기록한 승화그룹은 지난 2011년 4월 16일 한강에 서울마리나를 개장했다. 우리나라 최초의 내수면 마리나다. 텔레스코프 파일·엘엠씨 폰툰 등 명품기술과 마리나 건설 실적을 바탕으로 마리나 공사 수주를 추진하고 있다. 해외시장진출에 초석을 다지고 본격 진출을 준비하고 있다. 마리나 설계 및 시공을 비롯한 해양레저산업이 새로운 수출산업으로 성장할 가능성을 충분히 보여주고 있다.

마리나

'86 아시안게임과 '88 서울올림픽 요트경기대회를 치르기 위해서 1986년 4월 30일 부산 수영만에 요트경기장을 개장한 것이 우리나라 최초의 마리나다. 부산시는 '동북아시대 해양수도'가 되고자 하는 비전을 성취하기 위한 사업의 일환으로 수영만요트경기장을 대규모로 재개발한다. 2015년까지 총 1,623억 원을 투입하여 명실 공히 아시아 최고의 마리나로 리모델링한다. 부산시는 '해양과학 육성'·'해양레저스포츠 수요 대비로 신성장동력 확보'·'부산신항 적기건설'·'차별화된 양항 성장전략으로 허브항만 입지구축'·'수산관광'·'수출가공선진화단지 조성' 등을 해양수도 부산의 기본전략으로 재도약을 목전에 두고 있다.

경기도에서는 전곡항에 마리나를 조성한 이래로 코리아매치컵 국제요트대회·경기 국제보트쇼·지마린 페스티벌 등을 매년 개최하고 있다. 2012년 6월에는 국제적인 공인을 받아서 우리나라도 국제해양산업연협회(ICOMIA, International Council of Marine Industry Association)의 준회원국이 되었다. 경기도 해양레저정책의 핵심은 '해양레저산업 저변확대'·'보트쇼 및 요트대회 정착 및 확대'·'해양레저 제조업 육성'·'해양레저산업 활성화 체제정비'·'해양레저 인프라확충 및 해양산업 관련기관 설립' 등이다.

경기도보다 한 해 앞서 요트대회와 보트쇼를 개최하고 있는 경상남도에서도 남해안을 제2의 지중해로 개발하여 해양관광과 첨단사업의 융복합화를 통해 동북아 5대 경제권으로 부상하는 것을 목표로 '마리나 시설사업'·'요트스쿨 육성'·'보트쇼 개최'·'국제요트대회 개최' 등 다양한 해양레저 육성 전략을 본격적으로 추진하고 있다. 그간에 도지사가 여러 차

레 바뀌었지만 해양레저를 지역의 전략산업으로 육성하고자 하는 정책에는 변함이 없다.

목포시에서는 해양레저산업을 신성장동력화 하기 위해 내항에 1차로 마리나를 완공하였으며, 올 해부터는 2차 공사에 돌입한다. 목포시에서는 국제적인 '해양·관광·레포츠·휴양의 중심도시'라는 발전 비전을 가지고 '5대 관광거점별 특화 개발'·'국제관광도시 이미지 창출'·'이야기가 있는 체험형 관광상품 개발 및 홍보' 등에 역점을 두고 있다.

최초의 민간 마리나는 1994년 7월 경남 통영에 개장한 금호 충무마리나다. 이후 제주 중문관광단지에 위치한 퍼시픽랜드·제주시에 위치한 도두마리나 등이 개발을 완료하였으며, 2011년 한강에 서울마리나가 개장함으로써 우리나라 해양레저시장에 일대 변혁을 예고하고 있다. 2010년 1월 국토해양부가 전국 43개 마리나를 지정한 것에서도 알 수 있듯이 최근 들어 급성장하고 있다.

마리나 선박은 해양관광·스쿠바 다이빙 등 여가뿐만 아니라 비즈니스와 주거로도 사용되고 있다. 이 중에서 마리나에 주로 계류하는 선박은 파워요트와 세일요트다. 파워요트와 세일요트 등 각종 요트는 크루징·레이스·낚시 등에 주로 이용된다. 대형요트의 경우 하우스 보트로 활용하기도 한다. 요트는 여가장비로 사용되기도 하고 때로는 집이 되기도 한다는 말이다.

요트를 사용한 활동 중에서도 최근 특히 각광을 받고 있는 것이 크루징이다. 크루징에는 크루징 그 자체를 즐기는 것에 더하여 스쿠바 다이빙·해수욕·낚시 등의 목적을 부가시킨 것, 단기간 혹은 장기간에 걸쳐 항해를 즐기는 것 등 각각의 여가활동 목적이나 여가활동 기간에 따라 여러 종류가 있다. 2011년 말 기준으로 전국의 등록된 요트는 10,331척이고, 현재 16개소의 마리나중에서 공공 마리나가 11개소, 사설 마리나가 5개소다.

해양레저산업

국제해양산업연합회의 통계자료에 의하면 전 세계 해양레저산업 중 요트제조업 시장규모만도 470억 달러(2006년 기준)를 넘어섰다. 대체적으로 경제규모가 클수록 해양레저에 대한 관심이 높고, 활동도 많아지기 때문에 해양레저는 경제규모와 비례하는 하는 양상을 보인다. 그래서 국민소득 수준은 해양레저산업의 중요한 지표가 된다. 1인당 국민소득 2만 달러 시대에 접어든 한국에서 이제부터 본격적으로 해양레저시대가 열릴 것이라고 판단하는 이유가 여기에 있다. 또한 우리나라는 삼면이 바다에 접해 있으며, 특히 서해안과 남해안은 긴 해안선을 가지고 있어서 해양레저 활동이 활성화되고 해양레저산업이 발전할 수 있는 지리적 환경을 충분히 갖추고 있다.

해양레저인구

또한 주5일 근무제의 도입 및 정착, 삶의 질에 대한 관심 증대 등으로 해양레저에 대한 일반의 관심도 급속도로 고조되고 있다. 조종면허 제도가 도입 된지 11년 밖에 되지 않았지만 2011년 연말을 기준으로 모두 111,931명이 면허를 취득했다. 이 중에서 2011년 한 해 동안 조종면허를 취득한 사람이 13,413명이었다. 최근 들어서 해양레저 자격증을 취득하는 사람이 급증하고 있다는 것을 알 수 있다.

면허제도를 도입 한 2000년에 면허를 취득한 사람이 6,966명이었으니까 10년 만에 약 두 배로 증가한 셈이다. 파워요트 연간면허취득자(2급 조종면허 취득자)는 1,777명에서 7,707명으로 4배 이상 증가했고, 세일요트 연간면허취득자(요트 면허 취득자)는 61명에서 1,463명으로 늘어나서 23배의 증가를 기록했다. 가히 폭발적인 증가세다.

여기에서 해양레저 비즈니스나 교육을 목적으로 면허를 취득한 1급 조종면허 취득자까지 합쳐서 그 추이를 고려하면 마리나 항만의 건설을 통한 계류시설 확충·요트교육 확대·요트 대량생산 시스템구축·해양관광 활성화 등 급히 서둘러야 할 것들만 해도 한두 가지가 아니다.

매 주 휴일이면 이른 새벽부터 전국의 필드를 가득 메우고 있는 한국의 골퍼들 중에서 국산 골프클럽으로 여가를 즐기는 골퍼는 눈을 씻고 찾아봐도 없다. 계층 간 위화감을 조성하는 호화·사치·향락 스포츠로 규정해 버렸기 때문에 산업으로 성장하지 못했던 것이다. 그래서 한국에는 골퍼만 있고 골프산업은 없다. 계속해서 요트를 호화·사치·향락 스포츠로 몰아세운다면 동일한 오류를 반복하게 될 것이다.

< 수상레저기구 면허취득자 연도별 추이>

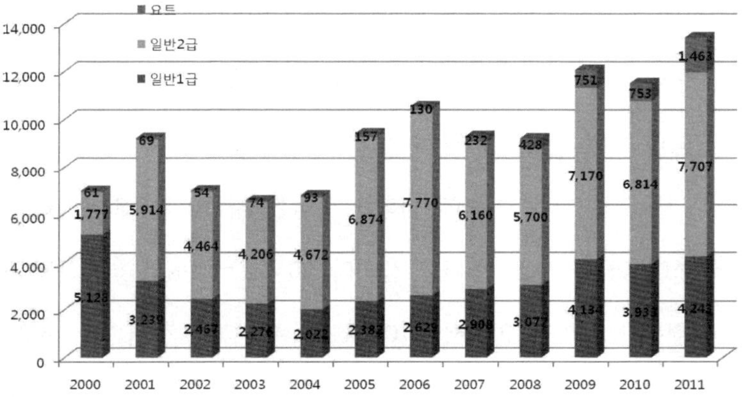

자료 : 해양경찰청. 2012. 『2011년 해양경찰백서』

지난 10년 동안 우리나라의 요트수입은 7배나 증가했다. 이대로 방치한다면 전 세계적으로 연간 48조에 달하는 해양레저시장에서 우리가 설 자리는 없어지고, 우리의 바다와 강 그리고 호수에는 외국산 요트들만 넘쳐나게 될 것이다. 어디 그뿐인가 해양개발·해양관광·해양레저스포츠 등 엄청난 부가가치를 산출할 뿐만 아니라 우리사회에 새로운 패러다임을 제시할 마리나의 개발·관리·운영 등도 고스란히 넘겨주고 말 것이다.

그야말로 희망과 절망, 기회와 위기가 동시에 공존하고 있다. 더 이상 주저할 이유가 없다.

이제부터 본격적으로 요트여행을 떠나보자!

제1장 해양레저산업

가. 세계 해양레저산업

영국 더글러스 웨스트우드(Douglas-Westwood)사는 지난 2004년 아래와 같은 전 세계 해양시장 전망치를 발표했다.[1] 이에 따르면, 해양관광 시장은 2010년 18% 증가한 2,046억 유로(294조 7,628억 원) 규모로 커지고, 요트제조 시장은 무려 43%나 증가하여 173억 유로(24조 9,263억 원)에 이르게 되고, 크루즈 시장은 28% 증가한 155억 유로(22조 3,304억 원) 규모가 될 것이다.

그러나 실제로 그런 일은 벌어지지 않았다.[2] 더글러스 웨스트우드의 해양시장 전망을 빗나가게 만든 믿기 어려운 사건이 발생했기 때문이다. 2008년 겨울 서브프라임 모기지 부실로 인한 미국 발 경제위기가 전 세

---

[1] Douglas-Westwood. 2005. *World Marine Markets.* pp. 9-14.
[2] 물론 더글라스 웨스트우드사의 전 세계 해양시장에 대한 연구보고서의 예상치가 빗나간 것은 미국발 경제위기만으로 인한 것은 아니다. 독자들도 곧 확인하겠지만 더글라스 웨스트우드사는 기본적인 해양레저산업 통계치도 제대로 파악하지 않았다. 일례로 2004년 전 세계 요트제조시장의 규모를 17조 원으로 산정한 것은 상식적으로 납득할 수 없는 적은 수치다.

계를 뒤흔들었다. 해양레저산업은 일순간에 곤두박질치면서 그야말로 꽁

꽁 얼어붙었다.

<전 세계 해양산업 성장 전망치>

(단위 : 100만 유로)

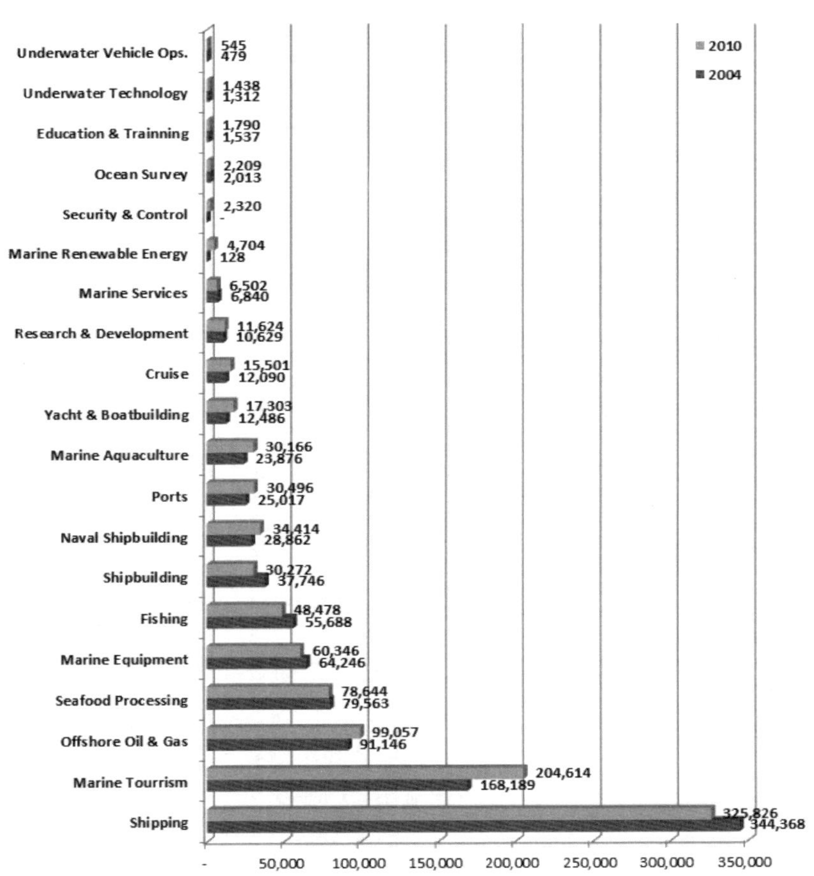

출처 : Douglas-Westwood. 2005: 9

1. 해양레저시장 현황

2012년 6월말 현재 전 세계에 등록된 요트는 28,398,236척이다. 이를 종류별로 살펴보면, 세일요트(sail boat)는 2,580,422척이고, 엔진이 요트 외부에 있는 아웃보드 모터요트(outboard motor boat)는 14,062,841척, 내부에 장착되어 있는 인보드 모터요트(inboard motor boat)는 3,879,211 척이다. 개인용 수상장비(personal watercraft)는 1,453,400대이고, 조립식 고무보트(inflatable boat)는 492,287대다.

<전 세계 해양레저산업 규모>

(단위 : 억 원)

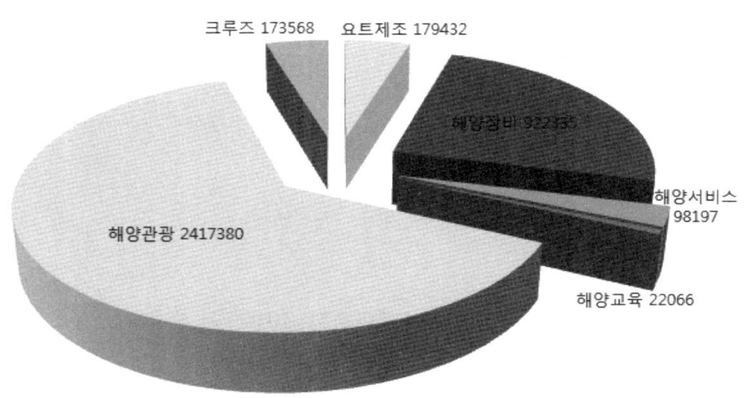

자료 : Douglas-Westwood, 2005: 9

2004년 더글러스 웨스트우드사의 해양레저산업 조사에 의하면, 2004년 현재 전 세계 해양레저산업의 규모는 9,843억 3,400만 유로다. 2013년 11월 현재 환율로 환산하면 1,413조 3,953억 원에 이른다. 이 중에서 조선·해양교통·해양에너지 등 해양레저산업부문의 산업과 여타 산업이 겹쳐 있는 분야를 제외하고 순수하게 해양레저산업이라고 할 만한 해양관광·크루즈·해양서비스·해양교육·해양장비·요트제조 등 만 합산해서 계산하면 전 세계 해양레저산업의 규모는 381조 2,978억 원에 해당한다.

해양서비스·해양장비·해양교육 등 해양레저산업과 직접적으로 관련된 산업이라고 하더라도 여타 산업과 일부 겹치는 부분을 모두 제외하고 최대한 보수적으로 계산하면, 해양레저시장의 규모는 259조 6,812억 원이다. 이중에서 요트제조는 17조 9,432억 원을 차지하고, 해양관광 241조 7,380억 원 그리고 크루즈는 17조 3,586억 원을 차지한다.

2. 해양레저시장 전망

미국발 경제위기가 전 세계를 강타한지 6년째로 접어들고 있지만 위기는 쉽사리 진정되지 않고 있다. 해양레저산업이 받은 충격은 더 크다. 일부 국가 해양레저시장은 70%까지 붕괴했고, 해양레저시장에서 경쟁이 치열해져서 이윤율이 떨어지는데도 혁신과 서비스에 대한 요구는 더욱 거세지고 있다. 한 가지 긍정적인 측면이 있다면, 중국·러시아·브라질 등 요팅(yachting)에 대한 신규수요가 많은 부유층들이 살고 있는 신흥시장에서 해양레저시장이 급성장하고 있다는 것이다.

지역별로 봤을 때 가장 큰 타격을 입은 것은 경제위기의 진앙지인 북미가 아니라 유럽이다. 오히려 북미시장은 2012년을 기점으로 이미 상승세로 반전되었지만 유럽시장은 여전히 상황이 좋지 못하다. 높은 공공부채와 개인부채, 기록적인 실업률, 공공 및 민간의 지출축소 등으로 2012년 한 해 동안 유럽의 해양레저산업은 25-30% 가량 위축된 것으로 추정된다.

요트 종류별로 살펴보면, 30미터 이상의 슈퍼요트가 그나마 감소폭을 줄이면서 선전하고 있고, 2013년부터는 다시 상승할 것으로 전망되고 있다. 2012년 슈퍼요트 주문량 감소가 멈춘 것으로 파악되어서 이러한 전망을 더욱 밝게 하고 있다. 실제로 30미터 이상 슈퍼요트의 경우 2011년 하반기에서 2012년 상반기까지 주문량이 4%밖에 감소하지 않았기 때문이다.[3]

4년 연속 계속되던 슈퍼요트 시장의 주문량 감소가 2012년 드디어 멈

---

3) ICOMIA. 2013. *Recreational Boating Industry Statistics 2012.* pp. 9-10

쳤다는 소식과 함께 해양레저시장에 가장 큰 희소식은 미국 해양레저시장의 상승반전이다. 전 세계 해양레저시장의 약 70%를 차지하고 있는 미국 해양레저시장이 상승반전 했다는 것은 전 세계 해양레저시장의 상승반전을 알리는 신호탄 역할을 하기 때문이다.

<해양레저산업 전망>

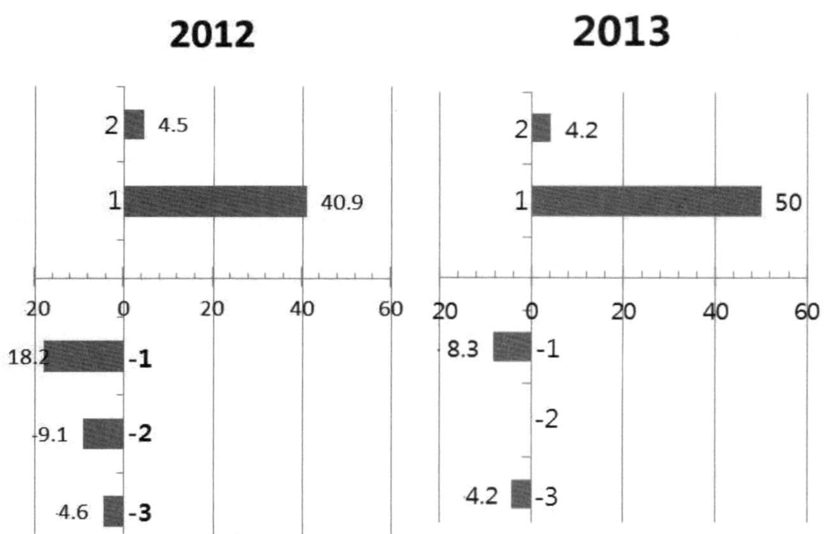

가로축은 비율(%)을 나타내고 세로축은 긍정적 전망 또는 부정적 전망의 강도를 나타낸다. '0'은 중간, 1에서 3까지는 긍정적 전망, -1에서 -3까지는 부정적 전망을 나타낸다. 3에 가까워질수록 강력한 긍정적 전망을 한 것이고, 반대로 -3에 가까워질수록 부정적인 전망을 한 것이다.

국제해양산업협회(ICOMIA)가 2013년 중반에 조사한 해양레저 트렌드 조사(Mid-Year Trend Survey)에서도 약 54.2%의 해양레저 업계종사자들이 시장 전망을 긍정적으로 평가한 반면 부정적으로 평가한 사람은

12.5%에 불과했다.[4] 이를 2012년 트렌드 조사와 비교해 보면 해양레저시장이 빠른 속도로 회복될 것이라는 전망은 더욱 확실해 진다. 2012년 중반 해양레저 업계종사자 31.9%가 향후 2내지 3년 동안의 전망을 부정적으로 평가했었고, 긍정적으로 전망한 사람은 45.4%로 절반을 넘지 않았었다.[5]

2013년에 접어들면서 긍정적인 전망은 약 10%가량 증가하여 전체의 절반을 넘었고 부정적인 전망은 반 이상 줄었다. 미국 발 경제위기로 얼어붙어버린 전 세계 해양레저시장이 곧 회복 국면에 들어설 것이라는 뜻이다.

3. 주요국 해양레저 시장

미국

2012년 한 해 동안 미국 해양레저 제품과 서비스 매출은 10% 증가한 356억 달러(37조 8,606억 원)를 기록했다. 이중에서 악세사리 시장은 40%

---

4) ICOMIA. 2013. *Recreational Boating Industry Statistics 2012.* p. 15
5) ICOMIA. 2012. *Recreational Boating Industry Statistics 2011.* pp. viii-x.

성장하여 56억 달러(5조 9,556억 원)로 척당 평균 악세사리 매출 352달러 (374,352원)에 해당한다. 파워요트 신정(新艇) 판매는 10% 증가한 157,350척, 매출은 14% 증가한 50억 8,000만 달러(5조 4026억 원), 신정 세일요트는 29% 증가한 5,945척으로 매출은 1,700만 달러(180억 8,000만 원)를 기록했다. 2011년 파워요트와 세일요트는 각각 142,830척과 4,600척이었다.

<미국 해양레저산업 현황>

　미국은 3억 1,391만 명의 국민이 16,667,000척의 요트를 보유하고 있다. 국민 19명 당 한 척의 요트를 보유하고 있는 꼴이다. 보유하고 있는 요트 중에서 가장 많은 것은 아웃보드 모터요트로서 압도적으로 많은 11,099,300척을 보유하고 있다. 전국에 11,000개의 마리나에서 요트 계류

시설에 해당하는 80,000개의 버스(berth)를 갖추고 있다.

2012년 한 해 동안 34,833개의 해양레저업체에서 338,526명의 종사자들이 497,250척을 생산하여 130,569척 13억 5,600만 유로(1조 9,411억 원)어치를 수출하고 300,859척 8억 1,400만 유로(1조 1,652억 원)어치를 수입했다.[6] 값싼 요트를 다량 수입하고 값비싼 요트를 소량 수출하여 2012년 한 해 동안 5억 4,200만 유로(7,759억 원)의 흑자를 기록했다.

요트엔진도 마찬가지다. 250,100대 6억 9,100만 유로(9,891억 원)의 엔진을 수입하고 81,187대 3억 5,900만 유로(5,139억 원)의 엔진을 수출하여 3억 3,200만 유로(4,752억 원)의 흑자를 기록했다.

독일

안정적인 국내수요와 낮은 실업률, 임금인상 등에 힘입어 독일 경제는 2012년에도 유럽에서 가장 강력했다. 해양레저시장도 2010년과 2011년 2년 연속 성장했다. 독일은 503,795척의 요트를 보유하고 있으며, 세일요트(195,227척)·인보드 모터보트(193,419척)·기타 요트(115,149척) 등을 비교적 골고루 보유하고 있다.

요트제조사 400개 업체, 요트엔진제조사 10개 업체, 해양장비 및 악세

---

6) ICOMIA. 2013. *Recreational Boating Industry Statistics 2012.* pp. 92-93

사리 제조사 200개 업체, 해양서비스 2,950개 없체 등 모두 3,560개의 해양레저기업들이 모두 20,000명을 고용하고 있다.

<독일 해양레저산업 현황>

그러나 2012년에는 독일도 요트 수출이 감소하는 타격을 입었다. 독일은 2012년 한 해 동안 15,478척을 수출하고 7,696척을 수입하여 수출이 수입을 압도했다. 그러나 수출액과 수입액을 따져보면, 2억 6,300만 유로

(3,779억 원)의 요트를 수출할 동안 12억 9,600만 유로(1조 8,617억 원)의 요트를 수입하여 10억 3,300만 유로(1조 4,838억 원) 적자를 기록했다. 세일요트는 18% 감소한 1,036척을 수출했으며, 인보드 파워요트는 19% 감소한 984척을 수출했다.[7]

프랑스

약 800,000척의 요트를 보유하고 있는 프랑스는 5,000여개의 요트제조사와 41,000명의 종사자를 보유한 유럽 최대 규모의 해양레저산업 국가 중 하나이면서 동시에 가장 역동적으로 움직이는 시장이다. 그러나 프랑스도 극심한 경제적 어려움을 겪고 있는 나라 중 하나이기도 하다.

모터요트는 12% 감소했고, 세일요트는 11% 감소했으며, 해양레저장비는 무려 40%나 감소했다. 전체적으로 요트제조산업은 18% 감소한 7억 4,000만 유로, 우리 돈으로 1조 630억 원으로 위축되었다.

지난 2007년 요트제조액 12억 8,880만 유로(1조 8,375억 원)로 최대생산을 기록한 이후 지난 2009년에는 미국발 금융위기의 여파로 7억 6,100만 유로(1조 857억 원)로 급감했다. 2010년과 2011년 연속으로 증가하여 9억 100만 유로(1조 2,854억 원)로 회복되었으나, 2012년에 다시 감소로

---

7) ICOMIA. 2013. *Recreational Boating Industry Statistics 2012.* pp. 64-65

반전되어 7억 7,900만 유로(1조 1,114억 원)에 그쳤다.[8] 전 세계 최대의 세일요트제조사이자 프랑스를 대표하는 요트제조사 베네토그룹(Beneteau Group) 역시 매출액이 10% 감소하여 70만 유로(10억 원)의 순손실을 기록했다.

<프랑스 해양레저산업 현황>

---

8) French Nautical Industries Federation. 2013. *French Nautical Industries Key Figures 2011/2012.* pp. 15-16.

이탈리아

  미국발 금융위기와 국내 경제위기가 겹친 이탈리아는 가장 심각한 타격을 입었다. 100피트 이하 요트생산은 75% 이상 감소했으며, 전체 해양레저산업은 경제위기 이전인 2008년 64억 달러(6조 8,320억 원)에서 2012년 25억 달러(2조 5,620억 원)로 위축되었다.

<이탈리아 해양레저산업 현황>

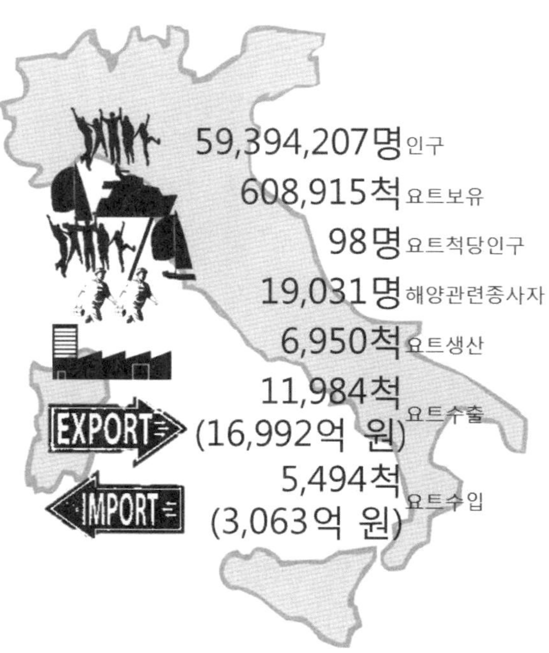

  이탈리아 요트제조사들은 살아남기 위해서 해외로 눈을 돌릴 수밖에

없었다. 그 결과 수출이 차지하는 비중이 2008년에는 53%였으나 2012년에는 무려 85%로 늘어났다. 엎친 데 덮친 격으로 해양레저산업을 사치향락산업으로 규정한 요트계류세금으로 말미암아 이탈리아에 계류하고 있던 요트들이 탈출러시를 이루고 있다. 급기야 이탈리아 국민들만 내는 세금으로 전환했지만 이탈리아를 빠져나가고 있는 요트행렬의 발길을 돌려놓지는 못했다.

이탈리아는 59,394,207명의 인구가 모두 608,915척의 요트를 보유하고 있어서 국민 98명 당 한 척의 요트를 보유하고 있는 셈이다. 해양레저산업 종사자 19,031명이 모두 6,950척의 요트를 생산하여 11억 8,700억 유로(1조 7,052억 원)를 요트수출로 벌어들였다.

중국

새롭게 해양레저 강국으로 부상하고 있는 나라는 중국이다. 요트제조사 180개 업체, 요트엔진제조사 10개 업체, 요트서비스 1,080개 업체 등 모두 1,270개 업체가 149,867척을 생산하여 120,665척을 수출하고 1억 2,200만 유로(1,753억 원)를 벌어들였다. 반면에 수출 요트 척 수의 1/45에 불과한 2,675척을 수입했다. 하지만 주로 슈퍼요트여서 금액으로는 1억 8,000만 유로(2,582억 원) 어치를 수입함으로써 수출을 상회했다. 아웃

보드 모터요트(119,640척 1,477억 원)를 주로 수출하고 인보드 모터요트
(1,528척 1,908억 원)를 주로 수입했다.9) 즉, 값싼 요트를 수출하고 값비
싼 요트를 수입했기 때문에 수입보다 117,990척이나 많은 요트를 수출하
고도 적자를 기록했다.

<중국 해양레저산업 현황>

포춘 캐릭터 인스티튜트(Fortune Character Institute)가 발표한 '2013년
중국 럭셔리 보고서'에 의하면, 2012년 중국 요트시장 규모는 17억 5,000

---

9) ICOMIA. 2013. *Recreational Boating Industry Statistics 2012.* pp. 56-57

만 위안(3,062억 원)에 달하고, 그 중에서 슈퍼요트는 7억 8,000만 위안(1,365억 원)으로 약 절반을 차지한다.[10]

이러한 상황을 반영하듯 중국 부동산개발회사 완다그룹(萬達集團)은 지난 2013년 6월 영국 럭셔리 요트회사 선시커(Sunseeker)를 3억 파운드(5,140억 원)에 인수하기도 했다.[11] 2012년에는 산둥중공웨이차이그룹이 이탈리아 명품 요트 페레티(Ferretti)를 3억 6,400만 유로(5,221억 원)에 인수했고, 2011년에는 칭다오리싱(青島立行) 차량선박유한회사가 역시 이탈리아 중고급 요트 CNL을 3,110만 유로(447억 원)에 인수했다.[12]

그러나 내수 기반은 취약하다. 13억 5,400만 명이나 되는 인구가 한 해 생산량의 22%에 불과한 19,108척의 요트를 보유하고 있다. 중국인 70,862명 당 한 척의 요트를 보유하고 있는 셈이다.

일본

급부상하고 있는 중국과 달리 전통적인 해양레저산업 강국 일본은 20년째 계속 빠지고 있는 거품보다 훨씬 빠른 속도로 해양레저산업이 위축되고 있다. 일본은 76개의 요트제조사와 14개의 요트엔진제조사들이 있지

---

10) Fortune Character Institute. 2012. Overview on 2012 China Luxury Report.
11) 이데일리 2013년 6월 8일자 "중 완다, 영 요트기업 선시커 인수"
12) KOTRA 해외비즈니스정보포털 Global Window

만 2012년 한 해 동안 생산한 요트는 5,410척으로 중국의 1/28에 불과하

다.13)

<일본 해양레저산업 현황>

거품이 빠지기 직전인 1990년대 초에는 매년 20,000척 이상 생산했었

던 것에 비교해도 약 1/4로 축소된 것이다. 동경에서 만난 일본주정공업

회 회원사 간부들은 한결같은 목소리로 일본 해양레저산업 전성시대는

---

13) ICOMIA. 2013. *Recreational Boating Industry Statistics 2012.* pp. 72-73

이미 끝났으며 급부상하고 있는 중국이 일본 요트를 그대로 베껴서 싼 값에 내다 파는 것 역시 막을 길이 없다고 입을 모았다. 한국 해양레저시장이 성장할 것으로 기대하고 서울에 지사를 개설하였으나 전 세계적인 해양레저경기 위축으로 결국 철수했다.

그러나 일본은 여전히 해양레저 강국이다. 570개나 되는 마리나에 327,350척의 요트를 보유하고 있다. 금액 기준으로 2012년 한 해 동안 요트수출로 벌어들인 돈은 11억 3,500만 유로(1조 6,305억 원)로 중국보다 10배 이상 큰 규모다.

나. 한국 해양레저산업

한국은행에서 2011년에 발간한 2009년 산업연관표에 따르면, 여가용으로 사용되는 레저보트부분은 오락 경기용 보트다. 이 오락 경기용 보트는 국내 총생산은 100억 6백만 원이다. 우리나라에서 강과 호수와 같은 내수면과 바다와 같은 해수면에서 여가활동을 즐기는 인원은 2011년 기준 총 406만 명에 이른다.

<수상레저인구>

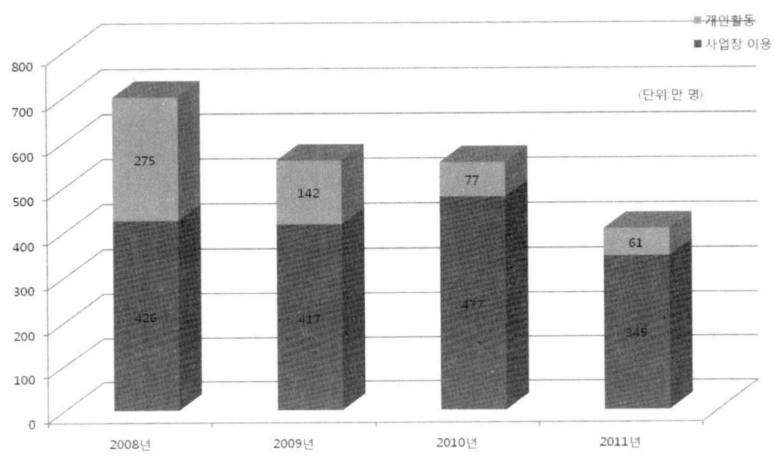

자료 : 해양경찰청. 2012.『2011년 해양경찰백서』

이중 약 15%만이 개인적으로 수상레저를 즐길 뿐 대부분 사업장을 통해 수상레저를 즐기고 있다. 모터요트와 같은 동력이 부착된 해양레저를 직접 조종하며 즐기기 위해서는 수상레저안전법에 의거하여 동력수상레저기구 조종면허가 필요하다. 또한 그 선박 또는 기구 역시 등록을 하여야 한다. 이를 위해 동력수상레저기구 조종면허를 취득한 인원은 2011년 말 기준 총 111,931명에 이르고 있다.

면허취득자의 지역별 현황을 살펴보면 경기도가 15,327명으로 가장 많았고, 서울시가 12,245명으로 그 뒤를 잇고 있다. 그리고 남해안을 접하고 있는 경상남도와 전라남도, 부산광역시 등은 각각 10만 명을 상회하고 있다. 인구비율로 보면 전체 국민 중 0.198% 즉 100만 명 중에서 1,980명이 동력수상레저기구 면허를 소유하고 있다. 지역별로 살펴보면 물리적으로 섬으로 구성되어 있는 제주특별자치도가 0.627%로 가장 높으며, 전라남도가 그다음으로 0.422%이다.

<연도별 동력수상레저기구 조종면허 취득자 숫자>

(단위 : 명)

	계	일반1급	일반2급	요트
총계	111,931	38,438	69,228	4,265
2000	6,966	5,128	1,777	61
2001	9,222	3,239	5,914	69
2002	6,985	2,467	4,464	54
2003	6,556	2,276	4,206	74
2004	6,787	2,022	4,672	93
2005	9,413	2,382	6,874	157
2006	10,529	2,629	7,770	130
2007	9,300	2,908	6,160	232
2008	9,205	3,077	5,700	428
2009	12,055	4,134	7,170	751
2010	11,500	3,933	6,814	753
2011	13,413	4,243	7,707	1,463

자료 : 해양경찰청. 2012.『2011년 해양경찰백서』

하지만 이 숫자는 선박을 소유한 숫자가 아니라 면허를 소유한 숫자이다. 인구대비 가장 많은 레저보트를 보유한 스웨덴의 경우 인구 100만 명당 90,909척 정도의 레저보트가 존재한다. 그 규모에서 비교하는 것이 무의미한 숫자일 것이다. 가까운 일본의 경우만 하더라도 100만 명당 1,811

척의 레저보트가 존재하는 것만 보아도 그 면허증 보유 숫자가 레저보트 숫자의 1/10정도 밖에 되지 않는 다는 것을 알 수 있다.

레저보트의 숫자를 직접 비교해 보면 2011년 말 기준으로 전국에 10,331대의 동력수상레저기구가 등록되어 있다. 이것은 인구 4,910명당 1대의 레저보트가 있다는 뜻이며 인구 100만 명당 203대의 레저보트가 있다는 것이다. 즉 면허증 소지자 약 10명 중 1명이 레저보트를 소유하고 있는 셈이다.

<지역별 면허취득 현황>

(단위 : 명)

구분	계	서울	인천	경기	전북	전남	광주	경남	부산	울산	경북	대구	강원	충북	충남	대전	제주
계	104,965	12,245	6,119	15,327	2,970	10,430	1,780	11,902	10,099	4,256	7,937	3,137	5,408	1,750	6,193	1,525	3,888
구분 %	0.198	0,117	0.215	0.128	0.151	0.422	0.116	0.341	0.271	0.358	0.286	0.122	0.359	0.110	0.302	0.099	0.627
2000	6,966	972	390	1,152	157	244	127	760	726	120	562	200	451	228	636	158	83
2001	9,222	1,637	740	987	212	376	126	769	1,012	615	572	199	569	151	625	166	466
2002	6,985	1,070	433	1,262	140	371	81	643	612	249	547	270	437	124	380	110	256
2003	6,556	1,059	389	1,215	137	308	97	695	653	191	453	220	340	127	319	86	257
2004	6,787	912	517	1,100	171	391	132	658	659	201	621	180	314	137	292	105	388
2005	9,413	918	497	1,248	378	976	182	1,078	1,037	349	725	240	609	127	535	121	393
2006	10,529	1,000	587	1,411	399	989	180	1,064	1,021	463	931	409	724	102	873	142	234
2007	9,300	898	612	1,287	293	797	143	1,162	978	462	771	282	493	143	500	131	348
2008	9,205	978	420	1,498	323	754	145	1,065	867	377	734	294	493	147	685	109	316
2009	12,055	1,217	717	1,718	308	1,379	212	1,688	1,030	546	860	392	508	219	702	197	362
2010	11,500	1,238	528	1,733	290	1,494	239	1,498	1,004	415	862	342	488	176	601	150	442
2011	13,413	1,318	678	1,858	319	2,595	243	1,582	1,226	388	861	309	433	297	681	209	416

자료 : 해양경찰청. 2012. 『2011년 해양경찰백서』

등록된 선박의 현황을 엔진출력으로 분류해 보면 100마력이상이 6,042 대로 전체 58%를 차지하고 있고, 50~100마력이 2,907대, 50마력 미만이 1,382대이다. 정원별로 살펴보면 3~5인승이 4,683대로 전체 45%를 차지 하고, 6~7인승이 2,337대, 8~10인승이 1,659대, 1~2인승이 1,076대이며 10인승 이상이 576대다. 지역별로는 경기도가 총 1,875대로 가장 많고, 그 다음으로 경남이 1,277대 서울이 992대, 충남이 988대 순으로 나타났 다.

<2011년 지역별 동력 수상레저기구 등록 현황>

(단위 : 대)

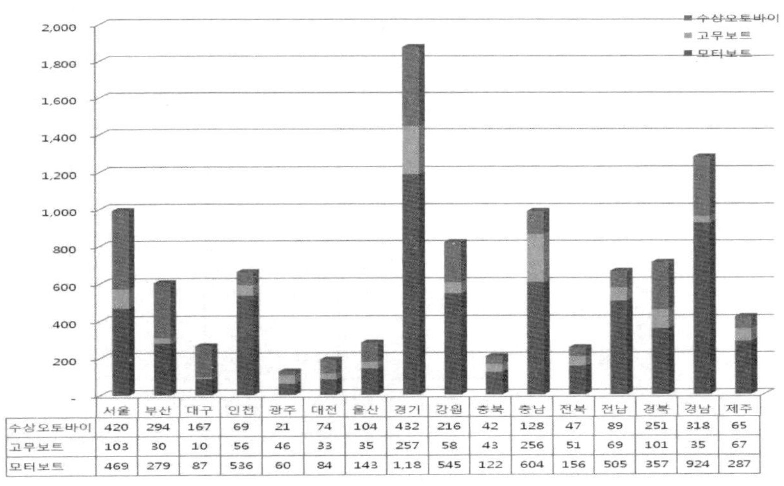

	서울	부산	대구	인천	광주	대전	울산	경기	강원	충북	충남	전북	전남	경북	경남	제주
수상오토바이	420	294	167	69	21	74	104	432	216	42	128	47	89	251	318	65
고무보트	103	30	10	56	46	33	35	257	58	43	256	51	69	101	35	67
모터보트	469	279	87	536	60	84	143	1,18	545	122	604	156	505	357	924	287

자료 : 해양경찰청. 2012. 『2011년 해양경찰백서』

아직 국내 해양레저산업 특히 레저선박부분은 국내 생산은 아주 미미하며, 대부분을 중고 수입품이 차지하고 있다. 그런 이유에서 정확한 통계조차 잡히지 않고 있는 것이 현실이다. 그렇기 때문에 공식적인 통계자료는 해양경찰청에서 발간하고 있는 해경백서를 통해서 집계되어진 발급된 동력수상레저기구의 면허관련 통계와 등록된 동력수상레저기구의 숫자뿐이다.

산업적인 측면에서 제조사 숫자, 종사자 숫자, 종사자 임금, 연간 생산 척수와 생산 금액 등에 대한 자료를 집계되지 않고 있다. 관련 국제단체인 국제해양산업협회(ICOMIA) 해양레저산업통계에 한국통계는 나오지 않고 있다. 국제해양산업협회에 경기국제보트쇼가 가입은 하였으나, 준회원 자격만을 갖고 있기 때문이다. 하루 빨리 정회원 자격을 획득해야 하겠고, 우리나라 해양레저산업 통계를 작성할 수 있는 공신력 있는 단체나 기관이 통계를 집계하여야 하겠다. 측정이 이루어져야 현황을 파악할 수 있고, 현황을 파악해야 발전을 위한 구제적인 방향을 결정하고 행동에 옮길 수 있기 때문이다.

제2장 해양레저 비즈니스

가. 글로벌 비즈니스 라인업 - 씨케이아이피엠 강석주 대표

디자이너의 길을 걷고 있던 청년 강석주에게 불현듯 삶에 회의가 밀려왔다. '이러다가는 내 인생이 그냥 끝나버리고 말겠구나!'라는 일종의 위기의식이었다. 돌파구를 찾아야만 했다. 그러나 사방천지로 뻗어 있는 복잡한 길 위에서 자신이 가야할 길을 찾는 것은 그리 쉬운 일이 아니었다. 다시 한 번 우골탑을 쌓기로 작정을 했다. 한 번 뿐인 인생이 걸린 문제이니까 ......

영국에서 길을 묻다

영국 땅을 밟은 강대표는 더 많은 것을 경험하면서 더 넓은 시각을 갖고 싶었다. 그러나 한국에 있을 때나 영국으로 온 지금이나 맘이 편치 않기는 마찬가지다. 내 인생을 걸어도 아깝지 않을 뭔가를 찾아야 한다는 강박관념에 사로잡혀 있었기 때문이다. 더 이상 견딜 수가 없었다. 무작정 빅토리아 역으로 향했다. 기차에 올랐으나 어디로 가야할지 갈피를 잡지 못했다. 사람들 틈에서 떠밀려 가다보니 브라이톤(Brighton)에 이르렀다. 마리나에 줄지어 정박해 있는 요트를 바라보면서 강석주 대표는 소리쳤다.

"찾았다!" 내 인생을 송두리째 내 던져도 아깝지 않은 일, 힘들어도 힘든 줄 모르고 할 수 있는 일, 내가 미쳐서 할 수 있는 일을 찾은 것이다. 길을 찾았으니 영국에서 더 이상 지체할 이유가 없었다.

20만 달러로 할 수 있는 요트 비즈니스는 없다

3년간에 걸친 치밀한 준비를 바탕으로 창업을 했다. 창업자본금 5,000만원 중에서 3,000만원은 전 직장에서 영업직에 발령받고 첫 고객으로 만났던 K사장이 나머지 2,000만원은 거래처 동료였던 B부장이 묻지도 않고 투자했다. 마치 휴렛팩커드처럼 두 창업주의 머리글자를 따서 회사이름을 '씨케이마린'(CK Marine)이라고 지었다. 크립스(Sedden Crips)의 머릿글자 C와 강대표의 영어이름 케니(Kenny)의 머릿글자 K를 딴 것이다.

수입·판매·유지·보수 등 종합 요트 대행사를 시작하고자 했다. 그러나 마리나는 고사하고 요트를 계류할 수 있는 기본적인 시설조차도 없는

데 요트를 살리 만무하다. 요트 비즈니스의 필수 아이템은 요트계류시설이었다. 세든은 퀸즈랜드 주정부에 의뢰했고, 키쓰 로리(Keith Lowrie)를 소개 받았다. 키쓰씨는 호주 퀸스랜드주의 첫 번째 현대식 마리나를 건설했던 인물로서, 호주에서는 마리나의 아버지로 불린다. 현재까지 전 세계 60여개의 마리나를 설계했다. 골드코스트 베르사체 마리나·쿠메라워터스 마리나타운·멜번의 마사코브 마리나 등 이름만 대면 알 수 있는 마리나들이 그의 손을 거쳤다. 요트를 수입해서 판매하고자 했던 당초 계획에서 발전하여 마리나 컨설팅 및 플래닝·설계·시공과 요트 수입·공급 등의 업무를 수행하는 워터프론트 전문기업으로 출범했다.

그러나 창업 한지 1년이 지났지만 아무런 성과를 내지 못했고, 자본금은 금새 소진되어 버렸다. 조금만 더 견디면 될 것 같은데 더 이상 견딜 여력이 없었다. 그렇다고 이대로 주저앉을 수도 없는 노릇이었다. 아내의 카드로 항공권을 발권하고 현금서비스 40만 원을 인출한 후 무작정 호주로 갔다. 키쓰씨는 여느 때와 같이 자신의 집에서 함께 지낼 수 있도록 배려해 주었으며 불편하지 않도록 강대표에게 자신의 차까지 내주었다.

준비해 갔던 사업계획서는 응접실에 올려두었다. 사업계획서를 검토해 달라고 하지도 않았고 읽어보았는지도 확인하지 않았다. 그렇게 이틀이 지났을 즈음 그는 강대표를 멜번(Melbourne)으로 데리고 갔다. 2,000선석 규모의 마리나 개발 현장이었다. 그 현장을 보고 마음속에서 열정이 꿈틀대는 강대표에게 키쓰씨가 건넨 말은 "케니 당신이 한국에서 하고 싶은 비즈니스가 바로 이런 거지요?"

<씨케이아이피엠 강석주 대표와 회사로고>

강대표가 한국에서 이루고자 했던 사업에 대한 열정을 그도 알아주었고 비즈니스의 방향을 확고히 해준 것이다. 그날 오후 키쓰씨는 진지하게 물었다.

"내가 어떻게 도와주면 되겠어요?"

강 대표가 대답했다.

"20만 달러만 투자해 주세요."

키쓰씨의 답변이 기괴했다.

"20만 달러로 할 수 있는 일은 아무 것도 없습니다. 50만 달러를 투자하지요."

그로부터 두 달 뒤인 2006년 6월 키쓰씨는 씨케이마린 구좌로 투자금을 입금했다. 로리는 강대표에게 해양레저 비즈니스에 대한 확신을 심어준 사람이고, 종합 해양레저기업 씨케이마린의 기술자문을 통해 워터프론트 분야의 전문성을 확보할 수 있게 해 주었다. 이제는 자본금을 긴급 수혈해 줌으로써 생사의 고비를 넘길 수 있게 해 주었다. 강대표에게 로리는 인생의 롤 모델이자 비즈니스 멘토다. 씨케이마린을 한국 최고의 해양레저기업으로 키워놓은 지금에도 강대표는 중요한 의사결정의 순간에는 습관처럼 되묻는다. "키쓰씨라면 어떻게 했을까?"

아이다(AIDA)

자본금이 바닥나면서 폐업 직전까지 갔다가 키쓰씨의 직접투자로 기사회생한 강대표에게 이번에는 기회가 찾아왔다. 2006년 오세훈 서울시장이 당선되면서 한강 르네상스를 선포한 것이다. 잠실에서 배를 타고 여의도로 출근한다! 출퇴근 시간이면 한 시간도 넘게 걸리는 구간을 배를 타고 순식간에 ..... '한강 수상택시' 승강장 시공권을 수주하면서 서광이 비치기 시작했다. 얼마 되지 않아서 이번에는 '부산 수영만 요트경기장 재개발사업'의 마스터플랜 계약을 수주했다. 가속도가 붙기 시작했다. 4대강 사업이 본격적으로 시행되기 시작하면서 '경인 아라뱃길' 2·3공구 선착장, 6공구 경인 아라뱃길 아라마리나 설계 및 시공을 수주했다. 2010년 1월 국토해양부는 전국 43개의 마리나를 국가지정 마리나를 발표했다. 전국에서 문의가 빗발쳤다. 포항 두호마리나 · 경기도 흘곶마리나 등등.

<경인 아라뱃길 아라마리나 조감도>

첫 프로젝트를 성공적으로 마치자 고객이 다른 지자체와 개발사에게 소개를 해주었다. 이때부터 강대표는 "언제 어떤 경우에라도 고객을 실망시키지 않겠다"라는 다짐을 한다. 강대표가 비즈니스를 한 것이 아니라 만족한 고객이 비즈니스를 성사시켜 주었고, 만족한 고객 덕분에 사업은 기대 이상의 성과를 거두었기 때문이다.

전국에 산재해 있는 고객들에게 씨케이마린의 서비스에 이목을 집중(Attention)시키는 데에는 정말 힘이 들었지만, 일단 고객의 이목을 집중시킨 다음 고객이 관심(Interests)을 갖게 하는 것은 상대적으로 쉬웠다. 당시로서는 전문적인 해양레저 컨설팅 기업이 없었기 때문에 글로벌 비즈니스로 라인업 되어 있는 씨케이마린의 컨설팅 서비스에 대한 관심은 구매하고자 하는 욕망(Desire)으로 전환되었고, 결국에는 구매(Action)로 이어졌다. 강대표는 고객을 실망시키지 않기 위해서 고객이 기대한 것 이상으로 보답했다. 고객의 구매행동은 만족(Satisfaction)으로 이어졌다.

글로벌 비즈니스 라인업

워터프론트 전문기업으로서 씨케이마린의 강점은 전문성을 갖춘 글로벌 비즈니스 라인업에 있다. 마리나부문은 세계 최대 마리나 시공 기업인 미국의 '벨링햄마린'(Bellingham Marine), 마리나 개발 및 운영 전문기업 스페인의 '아이피엠매니지먼트'(IPM Management), 마리나 및 워터프론트 시설 운영 및 관리 전문기업인 호주의 '걸프 마리나 매니지먼트'(Gulf Marina Management), 워터프론트 컨설팅 전문기업 호주의 '비피디 컨설팅'(BPD Consulting) 등과 협력하고 있다. 요트부문은 세계 최고의 요트 제조사로 알려진 프랑스 '베네토 그룹'(Beneteau Group)과 한국 공식 공급권 계약을 통해 베네토 세일요트와 파워요트를 비롯해 라군(Lagoon) 카타마란 까지 다양한 제품을 국내에 공급하고 있다.

씨케이마린의 매출구성을 보면, 마리나부문이 60%이고 나머지 40%를 요트부문이 차지하고 있다. 그러나 수익의 90% 가량이 마리나부문에서

나오고 있다. 이는 2008년 미국발 금융위기의 여파이기도 하다. 전 세계
적으로 약 43%의 성장이 예상되었던 해양레저산업이 오히려 마이너스 성
장을 기록했기 때문이다. 그럼에도 불구하고 강대표는 요트부문에 대해서
낙관하고 있다. 경기가 상승기조를 타기 시작하면 빠른 속도로 회복될 것
이기 때문이다.

<라군 560>

실제로 2010년 우리나라에서 수입 · 판매한 신정 요트는 9척에 불과하
지만, 그 중에서 씨케이마린이 국내에 공급한 요트가 5척으로 절반 이상
을 차지하고 있기 때문이다. 어려운 상황에서 선전한 베네토 그룹의 오셔
니스 58과 34(Oceanis 58 & 34)를 떠 올리면 지금도 감개무량하다.

오셔니스 34는 진해 해양레포츠스쿨에서 구매했다. 요트교실 · 기업연수 등 시민들이 선택적으로 배울 수 있는 프로그램은 물론 진해시에서 개최하는 국제 모터보트 경기대회, 해군참모총장배 요트대회 등 각종 경기대회를 치르는 데에도 사용하고 있다. 진해시청 직원들을 대상으로 한 공모전에서 최종 당선된 진해벚꽃호(Jinhae Cherry Blossom)로 명명했다. 이미 벚꽃으로 유명한 진해의 이미지에 바다에서 항해하는 벚꽃 같은 크루저 요트의 이미지를 연상케 함으로써 영원한 낭만의 도시가 되자는 염원을 담고 있는 이름이다.

<오셔니스 58>

레이디 알리아 2라고 명명했다

오셔니스 58은 베네토 그룹의 플래그십(Flagship) 모델이다. 주문생산 · 주문판매 · 수작업 제조 등을 특징으로 하는 베네토의 자존심 그 자체다. 장기 크루징과 비정기 레이스를 위한 최고의 세일요트다. 2009년 12월 파리보트쇼(Salon Nautique de Paris)에 처음 소개되었다. 그로부터 4개월

뒤 두 번째 건조한 요트(Hull No. 2)가 우리나라에 들어 온 것이다. 프랑스 현지에서는 한국에서 오셔니스 58을 구입했다는 사실에 적잖이 놀라는 분위기다. 미국을 예외로 한다면, 한국과 중국이 향후 해양레저 시장을 주도할 것이라는 데에는 이미 국제적 합의가 형성되어 있지만, 생각보다 훨씬 빠른 속도로 변화를 주도할 수도 있을 것이라는 신호로 받아들였기 때문이다.

선주는 주식회사 알리아 마린(Allia Marine)의 이화수 회장이다. 이회장은 지난 2005년 레이디 알리아(Lady Allia) 호로 120일 동안 대서양과 태평양을 횡단하여 프랑스에서 독도까지 항해를 한 인물이다. 그래서 일까? 이회장은 2010년 3월 구입한 오셔니스 58을 '레이디 알리아 2'(Lady Allia 2)로 명명했다. 국내 최대·최고가 세일요트 납품의 영예를 강대표에게 안겨주었다.

비즈니스 로드맵 재정비

그리 길지 않은 시간이지만 되돌아보면 숨 가쁘게 달려왔다. 부산 수영만요트경기장 재개발 마스터플래닝·한강 수상택시 승강장 시공·베네토 그룹과의 딜러십 계약 체결 및 요트판매 등 많은 성과가 있었다. 성과는 여기에 그치지 않는다. 2011년 10월 아라뱃길이 개통되면서 강석주 대표의 또 다른 역작 아라마리나가 그 모습을 드러냈다. 아라마리나 2공구·3공구·6공구 등은 강석주 대표의 작품이다.

2012년 씨케이마린은 또 한 번 도약한다. 주식회사 한국 벨링햄마린을 인수하고 세계 최대 마리나 시공기업 벨링햄마린(BMI)과 기술제휴를 한데 이어서, 스페인 마요르카에 본사를 둔 아이피엠매니지먼트(Inciativas Portuarias de Mallorca Management)로부터 투자를 유치한 것이다. 아이피엠매니지먼트는 이비자마리나·마요르카마리나·에스티피 보트야드·발렌시아 보트야드 등을 직접 소유·운영하고 있는 지중해 최고의 해양레저전문기업이다.

다시 한 번의 도약을 사명에 아로새기기 위해서 씨케이마린의 씨케이와 아이피엠매니지먼트의 아이피엠을 겹합하여 씨케이아이피엠(CKIPM Marine Group)으로 사명을 바꾸고 새롭게 출발했다. 이로써 해양레저 컨설팅과 마리나 설계 및 시공뿐 만 아니라 운영·관리 사업에도 진출할 수 있게 되었으며, 마리나 시공 이후 마리나 운영 및 관리는 물론 인력교육 등으로 비즈니스를 확장할 수 있게 되었고, 요트 수입·판매에서 정비 및 수리까지 포괄하는 그야말로 해양레저전문기업으로 재출발하게 되었다. 현재는 2014 인천아시안게임 요트경기장 왕산마리나·경인아라뱃길 아라마리나·제주 모슬포항 피셔리나 부잔교·대전 갑천 부유식플랫폼 등 다수의 프로젝을 진행하고 있다. 제2의 창업으로 더욱 박차를 가해 달리는 강석주 대표가 만들어 가는 씨케이아이피엠의 미래가 기대된다.

나. 요트 빌라 - 엠보트 민흥기 대표

엠보트(M-Boat) 민흥기 대표는 파워보트 한 척을 사러갔다가 깜짝 놀랐다. 2억 8천만 원이라는 터무니없는 가격 때문이었다. 사실 국제시세와 비교하자면 약 두 배나 비싼 가격이었다. 당장 항의했다. 요트를 사겠다고 작정한 사람이라면 당연히 제품과 가격을 비교해 볼 것이고, 인터넷을 뒤지면 검새 모든 것을 다 알 수 있다. 그런데 인터넷에 공개되어 있는 가격의 두 배라니?

"저희들도 모르는 바는 아닙니다. 그러나 매장 유지비용과 직원 인건비 그리고 홍보마케팅 등 각종 비용을 제하고 나면 이것도 빠듯합니다. 수요가 많지 않기 때문이지요"

민대표는 격분했다. "그러니까 제 값을 받고 팔아야 살 거 아닙니까! 오죽했으면 일본으로 가서 요트를 구매하고 심지어는 직접 몰고 들어오는 사태까지 일어나겠냐 말입니다. 요트시장이 없는 것이 아니라 당신들이 시장을 망치고 있어요"

대하기계

그 날부터 민대표는 고민하기 시작했다. 사업도 사업이지만 본인이 배를 좋아했기 때문이다. 민대표가 배를 처음 접한 것은 연세대학교 재료공학과에 입학하면서였다. 부친께서 입학선물로 배를 한 척 사 주셨다. 배에 미처 살다보니 학점은 엉망이었다. 대학 평균평점이 2.0 미만이라고 하면 망치기로 작정을 해도 받기 힘든 학점인데 1.76이었다고 하니 얼마나 놀았는지 미루어 짐작할 만하다.

그랬던 민대표가 정말 열심히 공부한 것은 미국 유학시절이었다. 당시 석사장교 제도가 도입되었는데, 석사학위를 취득한 사람은 장교훈련까지 포함해서 6개월 만에 전역할 수 있었다. 거의 면제 수준이었다. 그러나 석사장교로 입대하기 위해서는 석사학위가 있어야만 했다. 주어진 시간은 만 2년. 좋아하는 배도 타지 않고 죽어라 공부만 했다.

<엠보트 사옥>

석사장교를 마치고 난 후 이제는 좀 놀려고 했는데, 부친의 사업을 물려받기 위한 경영수업이 생각보다 일찍 시작되어서 더 이상 놀지 못했다. 부친께서 1976년에 창업한 대하기계는 환경산업용 펄스밸브를 생산하는 제조기업이다. 1989년부터는 본격적으로 수출을 하기 시작했다. 현재는 전세계 43개국에 딜러 체제를 구축하고 세계시장의 40%를 석권하고 있는 알토란같은 기업이다. 요트 비즈니스를 전담하고 있는 엠보트는 대하기계그룹의 요트사업 부서(sub-division)다.

이제는 요트 비즈니스

요트를 사러 갔다가 접한 황당한 가격이 아니었다면, 민대표가 배를 좋아하지 않았다면, 굳이 요트 비즈니스를 할 생각까지는 아니었다. 기왕에 한다면 남달리 하고 싶은 욕심이 생겼다. 전세계 최고의 기술력을 바탕으로 한 밸브사업은 밸브가 필요한 사람에게 최고의 밸브를 합리적인 가격에 공급하면 된다. 굳이 마케팅이 필요한 사업은 아니다. 요트사업에서는 기술이 아니라 경영으로 승부하고 싶었다. 즉, 에스키모인들에게 냉장고를 팔고 싶었던 것이다. 한국인에게 요트만큼 불필요한 제품이 있을까? 이것만으로도 사업을 해야 할 충분한 이유가 되었다.

또 다른 이유가 있다면 그것은 환전수수료였다. 대하기계는 전세계 48개국에 펄스밸브를 수출하고 있다. 대금은 전신환으로 받는다. 금액이 만만치 않다 보니 환전수수료도 꽤된다. 요트수입 대금을 결재하기 위해서 전신환을 원화로 환전할 필요 없이 요트 수입대금으로 지급해 버리면 환전수수료가 발생하지 않는다. 어디 그 뿐인가! 외화통장에 입금한 수출대금은 은행에서 이자를 지급하지 않기 때문에 아무리 많은 잔고가 있어도 별다른 도움이 되지 않는다. 차라리 요트를 수입해서 그 대금으로 지급하는 것이 더 이득이 된다. 이것만으로도 여타 국내 요트수입업체보다 더 합리적인 가격을 제시할 수 있다.

환전수수료 절약에서 오는 약간의 가격경쟁력으로 하고 싶은 사업을 한다고 해서 성공하는 것은 아닐 것이다. 경쟁업체와 완전히 차별화할 수 있는 민대표만의 사업전략이 필요했다.

미국 판매가 그대로 한국에서 판다

2006년부터는 본격적인 준비작업에 돌입했다. 미국의 중형보트 제조업체 크라운라인(Crownline)과 한국총대리점 독점계약을 필두로, 호주의 럭셔리 보트 제조업체 리비에라(Riviera)와의 한국총대리점 독점계약을 연이어서 맺었다.

<살로나 S37>

리비에라는 전 세계 30개국에 연간 450척의 호화요트를 수출하고 있다. 크라운라인은 전 세계 40개국에 보트를 수출하고 있는 신생기업이다. 크라운라인의 요트는 미국 현지가격과 한국 현지가격이 동일하다. 정말 운이 좋았다. 독점계약을 체결한 2006년 그 해 연말에 청평 르메이에르 수상스포츠타운에서 주문이 들어 온 것이다. 무려 17척을 한꺼번에 주문했다. 그 당시로서는 단일 최대 규모의 주문이다. 민대표의 가격전략(pricing)이 성공한 것이다.

부러움을 판다

그런데 문제가 발생했다. 르메이에르 수상스포츠타운에서 공사가 지연되고 있으니 납품을 6개월만 늦춰달라는 것이었다. 민대표는 고민을 하다가 한강 양화마리나를 3년간 분양받았다. 납기가 늦춰진 17척의 요트를 계류시켜놓기 위한 궁여지책이었다. 그런데 의외의 주문이 들어오기 시작했다. 한강에 계류시켜 놓은 17척이나 되는 요트를 본 사람들이 문의해오기 시작한 것이다. 한강에 떠 있는 요트 그 자체가 스펙터클이었던 것이다. 많은 수입판매업자들이 요트를 팔기 위해 요트가격보다 비싼 마케팅비용을 투입하고 있을 때, 민대표는 멋진 요트를 선망의 대상이 되게 만듦으로써 부러움을 팔았던 것이다.

2007년에는 40척, 2008년에는 30척을 팔았다. 2009년부터는 수입을 하지 않았다. 요트를 판매해서 얻는 수익보다 밸브를 해외에 수출하고 받은 전신환을 환전하는 것이 훨씬 더 이익이 되었기 때문이다. 이번에는 환율 덕을 톡톡히 본 것이다.

뉴 비즈니스 모델

요즘 민대표는 요트사업의 새로운 비즈니스 모델을 짜고 있다. 전국에 있는 마리나에 연락을 해서 개인이 소요하고 있는 신정(新艇) 세일보트(Sailboat)가 계류되어 있는지를 조사했다. 의외의 결과가 나왔다. 단 한 척도 없었다. 법인명의로 등록되어 있거나 일본에서 수입한 중고정(中古艇)뿐이었다. 이유가 뭘까?

재벌이 호화요트를 사면 욕을 먹고, 귀족이 사면 부러움을 산다. 불과 얼마 전까지만 하더라도 골프를 친다거나 외제차를 타고 다닌다는 것이 지탄의 대상이 됐다는 사실은 이를 잘 보여준다. 현재로서는 세일보트를 소유하는 것 자체가 사회적 지탄의 대상이 될 소지가 다분하다. 그래서 아무도 신정 세일보트를 자신의 명의로 소유하지 않는 것이다.

파워보트를 비롯한 요트 판매시장도 이미 포화상태라는 것이 민대표의 판단이다. 이제 겨우 사업의 첫 단계를 성공적으로 마쳤을 뿐인데 포화상태라! 그렇다면 여기에서 비즈니스를 접어야 한다는 말인가?

귀족만들기

민대표는 단호하게 말한다. "요트사업을 키우지 않겠다!" 민대표가 요트사업을 키우지 않겠다고 말하는 데에는 이유가 있다. 요트사업은 인위적으로 키울 수 있는 사업이 아니다. 요트문화가 형성되어야 하고 그 문화를 즐길 줄 아는 사람들이 있어야 하는데, 현재 우리나라에는 사람도 문화도 없기 때문이다.

사람이 먼저다. 새로운 요트문화를 형성해 갈 사람들이 필요하다. 민대표는 이들을 요트귀족이라고 부른다. 중세사회에서 근대사회로 변동하던 시기에 새로운 학문과 지식의 기틀을 마련한 사람들이 있다. 여가계급

(leisure class)이다. 이들은 귀족이었지만 사치와 호색을 즐기기 보다는 자연의 변화를 분류하고 기록하는 일에 몰두했다. 새나 돌 또는 식물을 그린 도감을 본 적이 있을 것이다. 여가계급이 기울인 노력의 결과물이다. 또한 여가계급 구성원들은 독특한 그들만의 여가활동을 했다. 그랜드 투어, 승마, 골프, 축구, 사냥 등이 그것이다. 결국 과학과 대중여가의 시대를 연 사람들은 여가계급이다.

한국에서 요트시대를 열 여가계급을 형성하겠다는 것이 뉴 비즈니스 모델의 핵심이다. 요트에 노력을 기울일 귀족계급이 있다면 한국에서도 요트문화를 형성할 수 있을 것이다. 요트문화가 형성된다면 비즈니스는 저절로 될 것이기 때문에 민대표는 요트귀족을 만들고자 하는 것이다.

신환경구축

요트귀족들이 일반인들의 부러움을 살 수 있는 새로운 요트문화를 형성하자면 그 문화를 형성할 수 있는 환경이 필요하다. 민대표는 새로운 요트문화를 형성할 환경 구축의 일환으로 강릉 안목항마리나 조성 사업에 뛰어들었고, 우선협상대상자로까지 선정되었다. 그러나 협상과정에서 자꾸만 잡음이 생겼다. 그래서 전곡항으로 옮겼다. 동아시아를 아우를 수 있는 요트문화의 새로운 근거지로 삼기 위해서다. 내친김에 전곡항이 내다보이는 곳에 대지 3,000평을 매입해서 사옥을 새로 짓고 1층에 요트전시장을 꾸몄다. 사옥 뒤쪽은 더 넓은 습지여서 개발바람이 몰아칠 일도 없다. 전곡항에는 계류시설을 임대하고 클럽하우스를 만들어서 언제든지 요트를 탈 수 있게 했다. 전곡마리나를 만든 것이다.

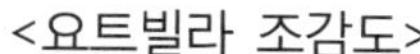

<요트빌라 조감도>

　세일링에 필요한 물리적 시설만을 갖췄다고 해서 요트귀족들이 새로운 요트문화를 형성할 수 있는 것은 아니다. 그에 걸 맞는 취향문화를 형성할 필요가 있다. 사옥 3층과 5층에는 갤러리와 레스토랑을 만들었다. 최용기 작가의 사진으로 전시회도 열고 전곡마리나 사진집도 출판할 계획이다. 갤러리에는 최작가의 사진뿐만 아니라 명화를 자수(刺繡)로 재탄생시킨 제2의 창작품을 전시할 계획이다. 아직 개관하지 않은 갤러리를 둘

러보고 깜짝 놀랐다.

요트문화 형성의 핵심 프로젝트로 사옥 옆 나지막한 언덕부지 2,400평에 요트빌라 18동을 짓고 있다. 동시에 18척의 세일요트도 추가 수입을 구상 중이다. 이는 요트귀족들에게 요트 세일링과 비즈니스, 휴식을 동시에 만족할 수 있는 새로운 환경을 제공하기 위함이다.

요트빌라와 세일요트의 분양이 완료되면 이들을 회원으로 하여 대망의 오션레이스가 펼쳐진다. 18개의 오션레이스 프로 요트팀이 구성되어 매년 정기적으로 세일요트대회를 개최하는 것이다. 해외에서는 요트대회에 이미 천문학적인 금액이 투입되고 있으며, 국내 연관 단체 및 기업에서도 많은 관심을 가지고 있는 분야이므로 오션레이스가 차후 스포츠마케팅의 핵심적인 역할을 할 것으로 기대하고 있다. 실제로 발 빠른 국내의 한 유명 기업은 벌써 요트빌라 및 세일요트의 구매 협상을 마친 상태이며, 이를 활용한 마케팅 플랜의 기획 단계에 까지 돌입했다.

민대표 스스로가 즐길 수 있어야 될 것 같아서 1척을 먼저 수입했다. 아직 포장도 뜯지 않은 상태로 요트전시장 육상계류장에 모셔 놨다. 봄이 오면 전곡마리나로 가지고 가서 본격적인 요트수업도 받을 계획이다. 이번 프로젝트에는 이미 100억 원을 투자했지만 앞으로도 100억 원을 더 투자할 계획이다.

한국 요트산업의 미래

요트 국산화 정책은 잘 못된 것이라고 민대표는 단호하게 말한다. 요트 제조는 오픈 소스다. 누구든지 만들 수 있다는 말이다. 국산화해야 할 하등의 이유가 없다. 최근 호주의 요트 제조사들이 제조를 포기하고 대만, 중국, 한국 등에서 주문자 상표 부착 방식으로 요트를 납품받고 있는 것에서도 알 수 있다. 전성기를 구가하던 시기에 연간 20,000척의 신정내수(新艇內需)를 바탕으로 급성장했던 일본 요트산업도 현재 1,500척으로 줄어들면서 위기를 겪고 있다.

요트 비즈니스 초창기의 일이다. 요트를 시범적으로 한 척 수입하려고 했더니 17,000달러를 송금해 달라고 했다. 제조하려면 엔진이 필요할 것 같아서 엔진도 하나 보내달라고 했더니 2,400만원을 달라는 것이 아닌가! 그야말로 애보다 배꼽이 더 크다. Quantity Discount Schedule이라는 세일즈 정책 때문이라는 것을 알게 됐다. 엔진을 100대 수입한다면 엔진가격이 요트가격보다 훨씬 더 저렴해 진다는 얘기다.

제조는 최고 수준의 브랜드가치와 세련된 디자인 그리고 판매망을 확보한 상태에서 양산체제를 갖추었을 때만 승산이 있다. 우리는 아무 것도 되어 있지 않다. 설령 이런 것들을 단시간 내에 갖출 수 있다고 하더라도 급성장한 요트산업이 맞게 될 전환기를 견뎌낼 수 없다. 그래서 민대표는 현재 우리나라에서는 요트를 사지 않는 것이 옳다고 말한다.

따라서 환경을 갖추는 것이 우선이다. 요트문화를 이끌어 가는 존경받는 사람들이 있어야 하고, 마리나 시설은 물론 관리 및 운용 전문가도 있어야 한다. 그 이후에는 시장도 형성 될 것이고 비즈니스도 가능해 질 것이다.

민흥기 대표의 요트빌라가 기대된다.

제3장 마리나

가. 슬럼에서 레저리조트로 - 요코하마 베이사이드마리나

요코하마 베이사이드마리나(Yokohama Bay Side Marina)를 찾은 것은 지난 2010년 12월이었다. 굳이 요코하마베이사이드를 마리나를 고집한 데에는 그만한 이유가 있다. 우선 제3섹터 방식으로 개발 했다는 것이다. 우리 식으로 표현하자면 공민영 합동 개발 방식 쯤 될 텐데, 많은 관련 전문가들은 향후 해양레저가 본격적인 궤도에 들어섰을 때 주로 이 방식으로 개발이 이루어질 것으로 예측하고 있다. 다음으로 일본 최대의 마리나이기 때문이다. 우리로 친다면 올림픽 경기를 치른 부산 수영만요트경기장에 해당한다. 명실공히 일본 최고최대의 마리나다. 동시에 1,500척이 계류할 수 할 수 있는 시설을 갖추고 있다. 우리나라 최대 규모인 부산 수영만요트경기장에 448척을 계류할 수 있는 것과 비교해 보면 그 규모가 어느 정도인지 미루어 짐작할 수 있다.

먼저 도쿄 긴자에 위치한 '일본주정공업회'(日本舟艇工業會)와 요코하마에 위치한 컨벤션센터 '파시피코 요코하마'(Pacifico Yokohama)에 들렀다.

일본주정공업회는 일본 요트제조사를 중심으로 한 해양레저업계의 대표
들이 모여서 만든 조직으로 매년 일본의 해양레저 통계보고서를 발간하
고 있다. 24개 정회원사를 포함하여 총 124개의 회원사를 거느리고 있는
일본 유일의 해양레저 이익단체다. 환경공해를 유발하고 있는 폐FRP선을
재활용 자원으로 전환하여 시멘트를 생산하는 것과 한국·중국 등 신흥
요트시장에 대한 시장조사 그리고 소음저감 및 매연감소 등의 신기술을
공동개발을 하고 있다.

<일본주정공업회 소속 해양레저업계 대표>

제일 궁금한 것은 일본의 해양레저산업 현황이었다. 일본은 지난 1987
년 일인당 국민소득 2만 달러를 넘어섰고 불과 5년 만인 지난 1992년에
는 3만 달러를 돌파하면서 해양레저 전성시대를 맞았다. 자국에서 제조한
요트만도 연 20,000척을 생산·판매했다고 하니 어느 정도의 호황이었는

지 짐작하고도 남는다. 그러나 1990년대 초반부터 시작된 거품붕괴로 지금은 자국 내에서 연 1,500척 정도로 줄어들었다고 한다. 세일요트와 파워요트를 2:8 비율로 생산·판매하고 있으며, 전체 요트의 7-80%가 낚시요트(Fishing Boat)라고 한다.

<요코하마 베이사이드마리나에 계류 중인 낚시요트>

요코하마 베이사이드마리나에 계류 중인 요트. 곧게 솟아 있는 봉은 세일을 펼칠 때 사용하는 마스트다. 사선으로 기울어져 있는 봉은 낚시대다. 즉 사선으로 기울어져 있는 봉이 설치되어 있는 요트는 모두 낚시요트다.

일본 해양레저 업계의 현안은 한국시장과 중국시장 공략이다. 급속도로 성장할 것이기 때문에 큰 기대를 걸고 있다. 2019년까지 모두 43개의 마리나 건설과 2014년 아시안게임 개최 등을 호기로 보고 있었다. 일본 해양레저산업의 불황탈출구인 셈이다. 중국에서는 요즘 일본 보트를 불법 모방한 배들이 일본보다 40%나 싼 가격에 생산되고 있다. 그나마 홍콩사람이 중국에서 만든 중국산 요트를 구입하면 면세다. 칭다오보트쇼를 다녀온 야마하요트(Yamaha Yacht) 대표는 자사의 요트를 그대로 모방해서 만든 '씨 스텔라 63'(Sea Stella 63)을 보고 깜짝 놀랐다고 한다. 그렇게 싼 값에 그렇게 훌륭하게 베끼는 것은 정말 놀라운 일이 아닐 수 없다는 말이다. 일본식 반어법이다. 그럼에도 불구하고 일본 요트제조사들은 현재 중국으로 공장을 이전하고 있는 중이다. 가격경쟁력 때문이다.

반면에 일본 요트제조사들이 한국시장에 주목하는 이유는 성장잠재력 때문이다. 한국 골프시장의 규모는 엄청나지만 골프클럽을 제조하는 회사는 전무한 실정이다. 골프를 계층간 위화감을 조성하는 사치향락산업으로 규정하고 규제 일변도의 정책을 편 결과다. 일본 요트제조사들은 요트도 그렇게 되기를 기대하면서 한국시장을 공략할 채비를 갖추고 있었다. 요트제조와 관련한 해양레저 정책을 어떻게 가져가야 할지에 대해서 정부의 세심한 노력이 필요한 이유가 바로 여기에 있다. 대만의 경우에 우리보다 약 10년 늦게 해양레저 제조산업에 뛰어들었지만 지금은 세계 6대 슈퍼요트 제조국으로 성장했다. 대만보다 10년 앞서 해양레저 시장에 진입했지만 정부의 규제에 발목이 잡혔던 한국은 시장에서 철수하는 우를 범했던 것이다.

그래서일까? 일본주정공업회 회원들은 유독 현대요트에 대해서 여러 차례 질문을 했다. 현대그룹이 해양레저산업에 진출해서 요트를 제조하게 되면 일본 요트제조사들은 급성장하고 있는 한국시장에서 아무 것도 기대할 수 없게 될 수 있기 때문이다. 전 세계 3대 요트엔진 제조사인 일본의 얀마(Yanmar)도 마찬가지다. 현대자동차는 자동차 엔진을 생산하고 있어서 해양레저산업에 뛰어들면 한국 요트제조사들이 얀마엔진 대신에 현대엔진을 구매할 것이기 때문이다. 실제로 경기 국제보트쇼 기간 동안에 개최하고 있는 요트대회에 요트를 납품한 한국의 요트제조사 암텍의 경우에 현대 베라크루즈 엔진을 요트에 장착하기 위해 3년째 실험을 계속하고 있다. 볼보자동차의 경우에도 요트엔진 펜타 파이브(Penta-5)를 생산하고 있다. 볼보자동자는 포드자동차에 매각했지만 볼보 펜타(Volvo Penta)는 매각하지 않았다.

바로 이어서 '파시피코 요코하마'에 들렀다. 지난 2009년은 요코하마가 150주년 되는 해였다. 기념사업의 일환으로 시정부는 컨벤션센터에서 보트쇼를 개최했다. 파시피코 요코하마에서는 매년 약 150개 정도의 전시회가 개최되는데, 보트쇼는 그 중 10대 전시회에 속할 정도로 인기가 많다고 한다. 일본에서 주로 자동차 제조사들이 요트를 제조한다. 전시하고 있는 요트 중에서도 일본 자동차 제조사의 요트인 야마하, 도요타, 니싼 등의 요트에 관람객의 관심이 집중되고 있다는 설명이다.

지난 2010년에 개최된 제2회 보트쇼에는 경기침체의 여파로 축소되었음에도 불구하고 3일간 6만 명의 관람객이 다녀갔다. 일본주정공업회가 전시회를 주최하고 있으며, 목표고객은 해양레저 비즈니스맨과 일반 관람객이다. 한편으로 요트 판매를 증대하기 위해 보트쇼를 개최하지만, 다른 한편으로 해양레저에 대한 대중의 관심을 환기시키기 위해서 개최하기도 한다는 말이다. 보트쇼 기간 중 주중에서는 비즈니스맨을 위한 트레이드쇼로 꾸미고, 주말에는 일반 대중을 위한 해양레저 축제로 꾸미고 있다.

<요코하마 베이사이드마리나 주요시설 1>

상단 왼쪽은 갱웨이 · 오른쪽은 카페촌 · 아래는 계류장(하)

마지막으로 들린 곳은 '요코하마 베이사이드마리나'(Yokohama Bay Side Marina)다. 일본 최대의 마리나답게 그 위용이 대단하다. 요트 계류시설 · 주유시설 · 수리시설 등은 물론 요트 직영매장 · 중고정 거래숍 · 해양레저 용품매장 등 요트와 관련된 모든 것을 골고루 갖추고 있을 뿐만 아니라 아울렛 · 레스토랑 · 카페 등 배후시설도 완비하고 있다. 아빠가 아이와 함께 요트를 타는 동안 엄마는 쇼핑을 할 수 있게 한 것이다. 역시 백미는 각종 요트관련 시설들이다. 회원제로 운영하고 있는 요코하마 베이사이드마리나는 회원카드를 발급하여 연중 자동화된 시스템으로 입출항을 할 수 있도록 만들었으며, 베이사이드 위스퍼(Bay Side Whisper)라는 정보시스템을 통해 세일에 필요한 각종 날씨 정보를 실시간으로 제공하고 있다.

<요코하마 베이사이드마리나 주요시설 2>

상단 왼쪽은 계류장 입구 · 오른쪽은 야마하요트 전시판매장
하단 왼쪽은 아웃렛매장 · 오른쪽은 표지판

곧 제2차 공사에 들어갈 계획인데, 제2차 공사가 완료되면 요코하마 베이사이드마리나는 호텔, 콘도미니엄 등 숙박시설과 컨벤션센터, 멀티플렉스 등 부대시설을 갖추게 됨으로써 그야말로 마리나가 된다. 제2차 개발공사가 완료되면 현재 파시피코 요코하마에서 개최하고 있는 보트쇼도

요코하마 베이사이드마리나에서 개최하게 된다.

　요코하마 베이사이드마리나가 문을 연 것은 지난 1996년 4월이었다. 회사를 설립한 것은 그보다 3년 앞선 1993년 11월이었다. 제3섹터 개발 방식을 채택한 최초의 마리나 개발이었다. 우선 요코하마 시정부가 개발에 참여했다. 원래 주택건축에 필요한 목재를 저장하던 항구인 저목장(貯木場)이었는데, 주택용 목재에 대한 수요가 급감하면서 항구 주변이 우범지대로 변하게 되자 요코하마 시정부가 나서서 개발에 착수한 것이다.

<요코하마 베이사이드마리나 주유시설>

　그러나 요코하마 시정부는 전체 개발비용의 49%만 부담했다. 애초에 운용 및 경영에 주도권을 행사하지 않겠다는 의지를 표명한 것이다. 나머지 51%의 개발비용은 민간에서 부담했다. 자금 조달을 담당한 요코하마 은행과 도쿄-미츠비시은행 등도 직접 투자에 참여했으며, 저목장을 운영하던 요코하마 항 목재창고 주식회사와 요코하마 운송주식회사, 요코하마

상공회의소, 요코하마 상인연합회 등도 개발에 참여했다. 마지막으로 마리나를 직접 운용하고 경영할 야마하자동차 · 도요타자동차 · 니싼자동차 · 데켄 · 이데미추 마린 · IHI 등도 개발에 투자했다.

요코하마 베이사이드마리나에 도착하자 기다리고 있던 직원이 CEO인 다다시 나카네(中根 忠)씨에게 안내했다. 다다시 나카네는 요코하마 베이사이드마리나에 대해서 직접 브리핑을 했다. 자본금 40억 엔(5,600억 원)으로 출범한 요코하마 베이사이드마리나는 경영에 돌입한지 11년만인 지난 2007년 손익분기점을 돌파하면서 과도한 투자가 아니냐는 일반의 우려를 불식시킴과 동시에 호텔 컨벤션센터 등 제2차 개발계획 조기 실행이라는 사회적 합의를 도출했다.

<요코하마 베이사이드마리나 CEO 다다시 나까네>

요코하마 베이사이드마리나의 성과는 대단하다. 거품이 붕괴되면서 시작된 일본의 장기불황 속에서 거둔 성공이라는 점에서 아주 값진 성과다. 관이 주도하는 개발이 아닌 제3섹터 개발방식으로 성공했다는 점에서도

성공의 의미가 크다. 또한 마리나 개발로 슬럼화된 도쿄만의 저목장을 새

로운 지역의 명소로 탈바꿈시켰다는 측면에서도 그렇다.

<요코하마 베이사이드마리나 요트 정비시설>

　　그럼에도 불구하고 해결해야 할 과제 역시 만만치 않다. 수도권의 부자

들만을 위한 시설이라는 따가운 눈총을 피하기 어렵게 됐다. 슬럼화되기

는 하였으나 가난한 사람들이 발붙이고 살던 곳이었는데, 이들을 쫓아내

고 도쿄에 사는 부자들에게 통째로 내 준 격이기 때문이다. 지역개발을

이뤘을지는 모르지만 개발이익은 지역민에게 돌아가지 않은 것이다. 또한

순수 국내용에 머물고 말았다는 문제점을 안고 있다. 1,500척의 계류시설

중에서 외부인을 위한 계류시설은 20척 밖에 되지 않는 다는 점도 이를 단적으로 보여주고 있다. 부산 수영만요트경기장과 비교하자면, 수영만요트경기장의 경우에 계류시설 규모는 448척이지만 실제로 계류하고 있는 요트는 약 300척 가량 된다. 러시아와 영국에서 온 대형요트들이 선석(berth)을 많이 차지하고 있기 때문이다. 전체 계류 중인 요트의 약 10% 정도가 외국요트들이다. 겨우내 계류하고 다시 러시아로 돌아간다. 상당한 수입이 발생하고 있다. 그러나 요코하마 베이사이드마리나의 경우 일시적으로 계류하는 외국요트 외에는 모두 도쿄에 거주하는 사람들의 요트다. 마지막으로 도쿄 인근 대지진이 예고되고 있는 상황에서 쓰나미에 대한 마땅한 대책이 없다. 아무리 자연재해는 마리나 경영사 측의 책임이 아니라고 하더라도 고객의 소중한 재산을 위험에 방치하고 있다는 비난을 피하기 어렵게 되었다. 그럼에도 불구하고 요코하마 베이사이드마리나가 지난 20년 동안 이룬 성과는 여전히 자타의 귀감이 되고 있다.

나. 한강 르네상스 - 서울마리나

1998년 4월 22일. 강산이 변할 만큼 시간이 흘렀지만 쌍용엔지니어링 이승재 토목팀장은 지금도 그 날을 또렷하게 기억한다. 충남 보령으로 출장을 가고 있었다. 부하 직원의 급작스러운 전화 한 통이 걸려왔다. 불길한 예감이 들었다. 8일간의 말미를 줄 테니 회사를 떠나라는 통보를 받았다는 것이다. 급히 차를 돌렸다.

방수교량

거세게 항의했지만 인사팀의 결정을 번복할 수는 없었다. 당시 팀원 12명 중에서 1명은 계속 일을 해야만 하는 개인 사정이 있었다. 이승재 팀장은 그 팀원을 해고하지 않는 조건으로 자신이 사표를 제출하고 나왔다. 쫓겨나 6명의 팀원 그리고 부모님이 물려주신 아파트를 팔아서 조달한 자본금 1억 원으로 승화이엔씨를 창업했다. 지금의 지주회사 승화명품건설이다.

이승재 회장이 주목한 것은 잠수교였다. 오죽했으면 다리 이름이 잠수교일까! 다리가 물에 잠기면 여러 가지 문제가 발생한다. 상판 곳곳에 구멍이 뚫려서 교통안전에도 심각한 문제가 생기고 다리 내부로 물이 스며들어서 교량의 수명도 현저하게 줄어든다. 게다가 잠수교를 건너면 강남과 강북으로 서초동 법원과 경찰청이 이어진다. 어르신들이 다니는 길이 이래서야 되겠는가! 서울시의 고민거리 중 하나였다.

모든 사람들이 잠수교를 잠수교라 칭하고 교량이 물에 잠기는 것을 당연하게 생각할 때 공학박사 이승재 회장은 남다른 생각을 했다. "방수교량을 만든다면?"

이승재 회장은 곧 바로 기술개발에 돌입했다. 교량의 방수효과를 높이기 위해 콘크리트에 라텍스를 넣어서 포장하는 공법, 즉 '엘엠씨(Latex Modified Concrete) 교면포장 공법'을 개발했다. 라텍스를 주입하면 균열이 생기지 않아 방수효과가 뛰어난데다 유연해져서 여름과 겨울의 기온 변화에도 저항성이 강하고 당연히 수명도 길어진다. 미국 다우케미컬의 기술자문이 주요했다. 그럼에도 불구하고 기술개발은 용이하지 않았다. 세상에 공짜는 없는 법, 기술개발에 꼬박 3년이 걸렸다. 처음에는 오전에 포장한 교면이 오후에 갈라져 버리는 등으로 해서 많은 어려움을 겪었다. 그러나 진짜 어려움은 기술이 아니었다.

자금은 바닥이 났는데도 수주는 원활하게 이루어지지 않았다. 신생회사의 기술력을 아무도 믿어주지 않았던 것이다. 엎친데 엎친 격으로 쌍용엔지니어링에 잔류했던 나머지 직원들도 결국은 해고되었고, 이들은 승화이엔씨에 합류하기를 희망했다. 그 참혹한 심정을 모르는 바 아닌지라 차마 뿌리칠 수 없었다. 경영상황은 더욱 악화되었다.

어느 날 우연하게 실마리가 풀리기 시작했다. 폭우가 쏟아지고 난 뒤에 고속도로가 움푹 파이는 현상을 근원적으로 해결할 방안을 찾던 한국도로공사는 미국 다우케미컬의 문을 두드렸다. 다우케미컬은 다시 승화이엔씨를 추천했고, 결국 승화이엔씨의 LMC공법을 시범적으로 적용해 보기로 한 것이다. 교량이 아니라 고속도로에서 기회가 찾아 온 것이다. 결과는 대만족이었다. 한국도로공사는 내친김에 고속도로 교량에도 이 공법을 적용해 보자고 했다. 애초에 방수교량을 목표로 만든 기술이었으니 이제야 제 자리를 찾아 갈 기회를 얻은 셈이다.

한강 르네상스

현재 국내 모든 고속도로 교량은 LMC공법으로 포장되고 있다. 인천국제공항과 송도신도시를 연결하는 인천대교를 비롯해서 전국 860개 교량 260킬로미터를 포장했다. 매출도 급증했다. 기술을 개발 원년 매출이 194억 원을 돌파했고, 3년만인 지난 2008년에는 290억 원, 지난 해에는 400억 원을 돌파했다. 영업이익도 동반 상승하고 있다. 2006년에는 25억 원에 불과했으나 2008년에는 26억 원을 돌파하고, 2010년에는 다시 40억 원의 벽을 넘었다.

당연히 코스닥에 상장을 했고, 상장 후 공모주로 조성된 자금을 투자할 새로운 비즈니스를 구상했다. 교면포장에서 종합건설회사로 확대하는 방안과 기존의 건설을 신규 비즈니스에 적용하는 방안 등 두 가지로 압축되었다. 최종적으로 후자를 선택했다. 종합건설회사로 확대하는 방안으로 갈 경우에는 기존의 건설회사를 인수합병해야 한다. 빠른 성장이 가능하지만 그만큼 리스크도 크다. 멀쩡하던 중견 건설회사가 어느 날 도산하는 것을 목도하면서 결국 느린 걸음 재촉하는 쪽으로 가닥을 잡은 것이다.

이 무렵 서울시에서 한강 르네상스를 선포하고 본격적으로 추진하기 시작했다. 급속한 경제성장 과정에서 잃어버린 것을 회복하고, 한강의 감춰진 매력을 드러내서 새롭게 창조하고자 하는 서울시의 야심찬 계획이다. 여의, 상암, 마곡, 잠원, 아라뱃길 등지에 마리나를 조성한다는 계획이 포함되어 있다.

내수면 마리나

특히 여의도가 이승재 회장의 눈길을 끌었다. 현재 국내의 모든 마리나는 해수면에 접해 있다. 여의도에 마리나를 건설한다면 국내 최초의 내수면 마리나가 된다. 지주회사 승화이엔씨, 상장회사 승화엘엠씨, 호주의 마리나 운용 및 관리업체 수페리어 제티스 등 3개 업체 컨소시엄을 구성하여 2009년 7월 사업권을 획득했다.

약 2년간에 걸친 공사 끝에 서울마리나가 드디어 그 위용을 들어냈다. 수상 14,600평방미터, 육상 13,020평방미터 규모로 육상 32척 및 수상 63척 등 95척을 정박할 수 있는 계류장, 승선대기소, 클럽하우스, 주차장 등을 갖추고 벚꽃축제가 한창이던 지난 2011년 4월 16일 개장식을 가졌다.

개장 기념으로 서울보트쇼도 개최하였는데, 시민들의 반응이 뜨거워서 2012년부터는 서울시와 손잡고 국제적인 위상을 가진 보트쇼로 키워나가기로 했다. 2차 계획에는 수상호텔까지 포함되어 있어서 서울마리나는 개장했지만 개발은 아직 진행형이다. 마리나를 단순한 요트 계류시설로 좁게 정의하지 않고 종합적인 수변 생활공간으로 넓게 정의한다면 서울마리나는 우리나라 최초의 내수면 마리나이고, 한강 최초의 마리나다.

<서울마리나>

비즈니스 모델

해양레저시장(470억 불)은 반도체시장(400억 불)보다 규모가 더 크다. 북미에서는 1만 불, 서구유럽에서는 2만 불, 일본에서는 3만 불을 전후한 시기에 해양레저시장이 급성장하기 시작했다. 대한민국은 2010년에 2만 불을 돌파했다. 2만 불에 도달할 때까지는 육상레저시대였다. 이제부터는 수상레저시대가 열릴 것이다.

명품기술

본격적으로 도약할 준비가 갖추어진 신시장에 뛰어들면서 이승재 회장은 다시 한 번 초발심으로 돌아갔다. 엘엠씨 교면포장 기술이라는 명품기술을 바탕으로 건설업에 뛰어들었던 것처럼 해양레저 명품기술을 바탕으로 신규 사업을 시작하기로 한 것이다.

먼저 기존의 문제점에 눈을 돌렸다. 기존의 교면 포장기술이 비에 약한 결함을 안고 있다는 것에 착안하여 이를 극복한 엘엠씨 교면포장기술을 개발하고, 차별화 된 기술력을 바탕으로 신생건설회사를 명품건설회사로 성장시킨 것과 동일한 비즈니스 모델 발굴 방식이다.

지난 2003년 태풍 매미가 몰아쳤을 때다. 부산 수영만 요트경기장 폰툰이 이탈하는 사고가 발생했다. 폰툰을 고정시키는 파일이 문제였다. 태풍이나 장마 또는 조수 간만의 차이로 수면의 높이는 변하는데 폰툰을 고정시키는 파일의 높이는 일정했기 때문에 발생한 사고였다. 태풍으로 해수면이 심하게 요동을 치면서 폰툰은 심하게 오르락내리락 거렸지만 파일의 길이에는 변함이 없었기 때문에 결국 폰툰이 파일에서 빠져버린 것이다.

서해에 위치한 전곡항마리나를 개장하면서도 문제점이 노출되었다. 서해의 특성상 조수간만의 차가 큰데, 바닷물이 빠졌을 때 노출되는 파일의 길이가 무려 12미터나 되어서 미관상 좋지 않았던 것이다. 만약 파일의 높이가 물높이의 변화에 따라서 같이 변한다면 이와 같은 문제점은 해결될 수 있다. 그래서 개발한 것이 텔레스코프 파일(Telescope Pile)이다. 마치 망원경(telescope)처럼 파일을 접었다 폈다 하는 기술이다. 텔레스코프 파일은 자체부력으로 수면의 높이에 따라 수직이동 함으로써 파일의 길이를 일정하게 유지시켜준다. 따라서 안전하면서도 미관이 뛰어나다.

<텔레스코프 파일>

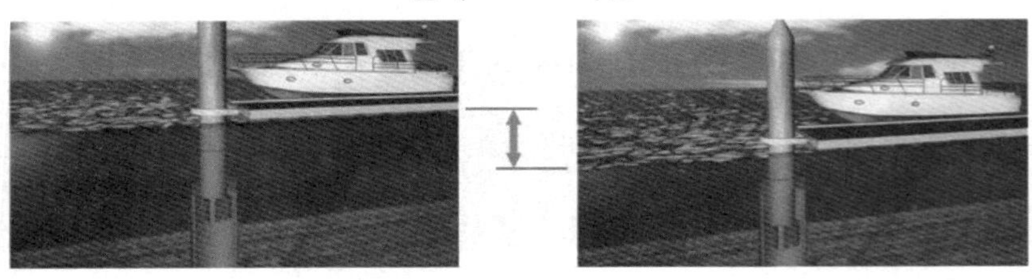

주식회사 서울마리나의 명품기술은 여기에서 멈추지 않는다. 내구성이 뛰어난 폰툰 제조기술인 엘엠씨 폰툰(LMC Pontoon)을 개발한 것이다. 결빙에 따른 빙압이나 태풍 등 극한 상황에 대한 안전성이 강하고, 진동을 잘 견뎌낼 뿐만 아니라 대형요트 수용능력도 우수한 폰툰이다. 콘크리트

폰툰 수입을 대체할 수 있는 핵심기술이다.

<엘엠씨 폰툰>

마리나

주식회사 서울마리나는 서울마리나를 개발하면서 마리나 시공실적을 갖추었다. 여기에 엘엠씨 폰툰 제조기술과 텔레스코프 파일 제조기술 등 명품기술이 결합하면서 새로운 비즈니스 기회를 만들고 있다. 승화그룹은 애초에 건설회사인만큼 신규로 진출한 마리나 역시 주력사업은 마리나 시공이다. 현재 제부도, 왕산, 몽골의 흡스골 등에 건설될 마리나 공사를 수주하기 위해 노력하고 있다.

지난 4월 16일 서울마리나를 개장하면서 본격적인 영업에 돌입하고 있다. 서울마리나의 마리나 운용 및 관리(marina operation and management) 노하우는 향후 개장할 국가지정 마리나의 운용 및 관리에 표준이 될 전망이다.

<u>요트</u>

현재 서울마리나에는 헌터, 실버톤, 아지무트 등의 요트와 파워보트가 계류되어 있다. 국내 판권을 확보한 레저보트들이다. 이제 본격적인 판매에 돌입한다. 개장도 하기 전에 이미 3척을 판매했다. 연 38억 원 정도의 매출이 발생할 것으로 예상하고 있다.

신규 구매자들은 두말할 나위도 없지만 기존 요트 소유자들도 서울마리나에 요트계류를 문의해 오고 있다. 이렇게 되면 요트 판매, 계류, 관리, 정비 등 종합적인 비즈니스가 가능해 진다. 또한 서울마리나가 보유하고 있는 요트와 파워보트 그리고 클럽하우스를 이용한 요트 교육, 요트 크루즈, 요트 웨딩 등도 기획하고 있다. 이에 덧붙여서 기존의 서울 및 수도권 요트클럽들 중 일부는 서울마리나로 옮겨 올 계획이어서 클럽하우스는 상당히 활성화될 것으로 보인다.

그럼에도 불구하고 우리나라 최초의 내수면 마리나이면서 수도 서울의 심장부에 위치한 마리나로서 서울마리나의 위상에 걸 맞는 비즈니스 모델을 개발할 필요가 있다. 최근 한 언론사를 통해서 보도된 바 있는 일부 부정적인 보도는 역으로 이러한 기대를 반영하고 있으며, 서울마리나의 사명에 대한 다짐을 요구한 것이기도 하다.

비전

서울마리나를 비롯하여 승화그룹을 이끌고 있는 이승재 회장은 지주회사와 상장사 그리고 계열사의 전직원들이 자신에게 바라는 바를 잘 알고 있다. 윤리적이고 도덕적인 비즈니스 리더가 되어 주기를 바라는 것이다. 그래서 이승재 회장은 말을 아끼고 직원들의 말에 귀를 기울인다. 또한 매사에 신중을 기한다.

아울러 직원들에게 비전을 심어주기 위해 노력한다. 이승재 회장은 그룹의 비전과 관련하여 삼성엔지니어링과 LVMH를 자주 거론한다. 삼성엔지니어링은 건설에만 국한하지 않는 고부가가치기업의 전형이다. 루이뷔통·모에상동·헤네시·크리스챤 디올 등의 명품 브랜드를 소유하고 있는 LVMH는 그야말로 명품기업이다. 지난 2010년 1월 벤처건설사 최초로 코스닥에 상장한데 이어, 2011년 3월에는 사명을 승화명품건설로 개명했다. 그야말로 명품기술을 보유한 고부가가치 기업으로 거듭나고자 하는 이승재 회장의 의지를 표명하고 있다.

제4장 보트쇼

가. 세계의 보트쇼

1. 세계 최대의 종합 해양레저쇼 - 이탈리아 제노아 국제보트쇼

<제노아 국제보트쇼 개요>

- 기　　간 : 매년 10월
- 장　　소 : 이탈리아 제노아
- 참가업체 : 1,400개사 (해외업체 36%)
- 전시면적 : 311,000m^2
- 전시보트수 : 2,300척 (해상 500척 전시)
- 참 관 객 : 260,300명 (2010년 기준)
- 입 장 료 : 15유로
- 주　　최 : FIERA DI GENOVA SpA (제노아전시장)
  UCINA (이탈리아 해양협회)
- 시작연도 : 1962년 (2010년 50회 개최)
- 홈페이지 : www.genoaboatshow.com

제노아(Genoa)는 인구 60만의 오랜 역사를 가진 항구도시이다. 예로부터 항구를 통한 무역활동이 왕성해서 이태리의 5대 경제지역중 하나로도 손꼽힌다. 뿐만 아니라 오랜 역사를 통해 음악, 건축, 미술 등 예술적으로도 우수한 자산을 가지고 있어 2004년에는 EU 문화도시로 지정되었고, 2006년에는 구 도시(old city)가 유네스코로부터 세계문화유산으로 지정되기도 하였다.

<제노아 국제보트쇼 전경>

제노아 국제보트쇼의 시작

제노아 국제보트쇼(Genoa International Boat Show)는 1962년 시작하

였는데 1회 전시회는 캠핑쇼와 동시개최를 통해 관람객 유치와 홍보에 주력하였다.

당초에는 제노아 전시장 단독주최로 시작하여 약 30,000sqm 규모로 시작하였으나, 1966년부터 이태리 해양협회(UCINA)와 공동으로 개최하여 2010년 50회째를 개최하기에 이르렀고, 그 규모도 100,000평방미터의 해상전시장과 200,000평방미터 규모의 육상 전시장으로 확대되어 총 310,000평방미터로 세계에서 가장 큰 보트쇼로 성장하기에 이르렀다.

주요 특징

제노아 국제보트쇼는 컨퍼런스와 기술거래, 비즈니스 미팅 등이 전시기간동안 약 800회 이상 발생되는 세계 최대의 보트 및 기술 거래의 장이다. 특히 제노아 인근에 비아레조 해양산업가 있어 보트/부품의 제조와 전시, 판매가 유기적으로 결합된 가장 이상적인 전시회 모델이라고 할 수 있다. 비아레조 산업단지는 이태리 슈퍼요트 생산량의 약 50%를 생산하고 있고, 선체제작업체 30여개, 관련 부품업체만 약 1,000여개가 입주하고 있는 세계 최대의 해양레저산업단지라고 할 수 있다. 특히 요트 운항에 유리한 지리적 요건으로 인해 관광산업 발전과도 밀접히 연계되어 있고, 지역 요트 산업 육성을 위해 단지 내 연구개발센터를 건립, 운영하고 있다.

2. 해양레저 부품 및 기술 전문 전시회 – 이탈리아 씨텍

<씨텍 개요>

- 기   간 : 매년 2월
- 장   소 : 이탈리아 까라라 (Marina di Carrara)
- 전시면적 : 32,000m^2
- 참가업체 : 520개사 (해외업체 73개사)
- 참 관 객 : 8,754명 (2010년 기준)
- 주   최 : Carra Fiere (까라라 전시장)
- 시작연도 : 2003년 (2012년 10회 개최)
- 홈페이지 : www.sea-tec.it

기술과 디자인을 위한 쇼, 씨텍

씨텍(Seatec)은 보트 부품 및 중간제조단계 전문 전시회로 비아레조시 해양레저산업단지 입주 기업들의 요구에 의해 시작되었다. 현재 씨텍은 보트/요트완제품은 전혀 없는, 그야말로 부품과 기술, 디자인만을 위한 유

럽 최고의 종합 기술전문 전시회로 성장하였으며 일반 관람객은 아예 입
장이 불가하고 오로지 관련 업계 종사자만 참관할 수 있다.

<씨텍 디자인 전시장, 카라 피에레>

총 전시면적 32,000평방미터를 완제품이 아닌 부품과 디자인 업체만으
로 채웠다는 것은 직접 보지 않고서는 모를 정도로 대단한 규모가 아닐
수 없다. 실제 이탈리아 레저보트산업은 세계 경기침체에도 불구하고 지
난 10년간 연평균 10% 이상 성장하였는데, 이는 이탈리아가 경기상황의
영향을 적게 받는 전 세계 상류사회를 타겟으로 하는 슈퍼요트(길이 24m
이상)와 메가요트 생산에 치중하고 있기 때문이다. 그리고 이러한 슈퍼요
트 1척을 생산하려면 부품제작, 유지보수, 기타 서비스 등 약 1,500여개의
중소 협력업체가 필요하기 때문에 그 부품과 기술/서비스 거래의 장으로

서 씨텍은 그 역할을 톡톡히 하고 있다.

혁신 기술과 창조적 디자이너 발굴의 장

특히 이 전시회에서는 총 5개의 어워드(Award) 프로그램을 운영하고 있다. 요트 및 보트 디자인, 부품 및 가구 디자인, 유망한 디자이너 발굴 등 미래를 위한 끊임없는 혁신을 위하여 구성된 이 프로그램을 통해 유망한 기술과 부품, 디자인 업체들이 유럽 및 세계시장에 진출하는 발판이 되고 있다.

<씨텍 디자인 어워드>

Design Award	내용
MYDA millennium yacht design award Concorso Internazionale di design di imbarcazioni da diporto	<Millenium Yacht Design Award> 요트 및 보트 디자이너를 위한 디자인상으로 9회째 진행중이다. 'New Project'부분과 'Dream Boat'부분으로 나누어 유망 보트/요트 디자이너 발굴 기회로 활용되고 있다.
	<Concept Award> 매년 주제를 바꾸어 참가자에게 특정 컨셉을 부여하고 그에 맞는 작품을 선정함으로써 창의적이고 새로운 아이디어를 발굴하는데 노력하고 있다. 2011

ABITARE LA BARCA Concept Award	년에는 7m길이의 open boat 디자인이 주제로 선정되었다.
QUALITEC DESIGN AWARD components production & furniture	<Qualitec Design Award> 부품 및 가구 디자인을 위한 프로그램으로 참가업체 전시품중 가장 기능과 디자인적으로 우수한 제품이 수여하고 있다.
QUALITEC TECHNOLOGY AWARD	<Qualitec Technology Award> 매년 참가업체 제품중 가장 혁신적인 제품과 기술에 수여하는 상으로 그해의 가장 뛰어난 제품에 주어진다.
Targa Rodolfo Bonetto	<Targa Rodolfo Bonetto-International Design Award> 디자인학교의 학생 및 교수 등을 대상으로 하는 디자인 프로그램으로 매년 보트 및 요트 디자인, 레스토랑, 마리나, 엔터테인먼트 시설 등 다양한 주제를 선정, 미래의 디자이너를 발굴하는 등용문이다.

3. 전시와 이벤트의 절묘한 조화 - 독일 보트뒤셀도르프

<보트뒤셀도르프 개요>

- 기   간 : 매년 1월
- 장   소 : 독일 뒤셀도르프 전시장(Messe Dusseldorf)
- 전시면적 : 220,000m^2
- 참가업체 : 1,577개사 (해외업체 677개사)
- 참 관 객 : 240,200명 (2010년 기준)
- 주   최 : 뒤셀도르프 컨벤션센터 (Messe Dusseldorf)
- 시작연도 : 1969년 (2011년 43회 개최)
- 홈페이지 : www.boat-duesseldorf.com

최적의 전시공간

보트뒤셀도르프(Boot Dusseldorf)는 오직 실내전시장에서만 이루어지는, 유럽에서 가장 큰 실내 보트쇼(indoor boat show)이다. 실내공간에서만 이루어지다 보니 해상전시나 야외전시가 보여주는 시원함은 없지만, 참가 업체 입장에서 볼 때 전시의 몰입과 전시효과 측면에서 가장 효과적인 전시회라 할 수 있다.

뒤셀도르프 전시장은 모두 17개의 전시동이 있는데 전체적으로 가운데

광장을 중심으로 둥근 타원형으로 구성되어 있어 참관객의 동선을 고려한 다양한 전시공간을 기획하기에 매우 적합하다. 보트뒤셀도르프도 이러한 전시장의 강점을 최대한 살려 전시동별로 다양한 테마를 기획·구성하고 있는데 그 형태는 다음 그림과 같다.

<보트뒤셀도르프 안내도>

참가업체와 관람객을 위한 비즈니스 이벤트 기획

실내 보트쇼 중에서 이벤트와 전시를 가장 훌륭하게 기획, 구성한 전시회는 아마도 보트뒤셀도르프가 일등일 것이다. 대부분 이벤트라 하면 부모님과 아이들이 즐기기 위한 놀이거리라고 생각하기 쉽다. 하지만 보트뒤셀도르프에서 기획된 이벤트는 비즈니스를 위한 제품과 기술시연의 장이라고 표현하는 것이 더 정확할 것이다. 아마도 필자 생각에는 보트뒤셀도르프가 실내전시회로만 이루어져 있기 때문에, 직접 강이나 바다에 가지 않더라도 전시품의 성능과 시연하는 모습을 어떻게 하면 효과적으로 보여줄 수 있을까 하는 고민에서 이러한 기획이 나오지 않았을까 추측한다.

<보트뒤셀도르프 실내 다이빙 시연 및 요트 체험>

이런 이벤트는 전시회를 관람하는 관람객에게는 직접 제품이 움직이는 모습을 볼 수 있다는 측면에서 실제 구매로까지 이어질 수 있는 좋은 볼거리가 될 수 있고, 참가업체 입장에서도 전시품이 실제로 어떻게 작동하

는지 직접 다양한 연출을 통해 시연할 수 있기 때문에, 직접 보고·만지고·체험할 수 있도록 디자인한 전시회의 특성을 가장 잘 살리면서 그 효과를 극대화하고 있다.

4. 한해를 가장 먼저 시작하는 보트쇼 - 영국 런던보트쇼

<런던보트쇼 개요>

- 기   간 : 매년 1월
- 장   소 : 영국 액셀 전시장 (ExCel London)
- 전시면적 : 52,000m^2
- 참가업체 : 520개사 (해외업체 40개사)
- 참 관 객 : 103,000명 (2010년 기준)
- 주   최 : National Boat Shows Ltd
- 시작연도 : 1969년 (2011년 43회 개최)
- 홈페이지 : www.londonboatshow.com

런던보트쇼(London Boat Show)는 국제보트쇼기구연맹(IFBSO) 전시회 중에서 가장먼저 시작하는 보트쇼로 매해 그해의 해양레저산업 관련 트렌드와 기업별 신제품을 만나볼 수 있는 전시회이다. 특히 영국의 자존심이라 할 수 있는 프린세스(Princess)나 선씨커(SunSeeker)와 같은 세계 최고의 요트제조업체들이 가장 큰 부스로 참여하여 주요 브이아이피 초청행사를 열고 바이어에게 신제품을 소개하는 마케팅의 장으로 활용하고 있다. 특히 런던보트쇼는 엑셀전시장 바로 앞에 로열 빅토리얼 도크(Royal Victorial Dock)가 있기 때문에 해상 전시가 동시에 개최되고 있다.

<엑셀전시장 전경>

종합 레저 전시회로의 진화

  레저문화가 발달될수록 한 가지 레저만을 즐기지는 않는다. 바다와 강에서는 보트를 즐기고, 육상에서는 여전히 등산이나 스포츠, 자전거 등 전통적인 레저문화도 함께 발전한다. 마찬가지로, 전시회에 오는 사람들은 일반적으로 한 공간에서 다양한 제품과 기술에 대한 정보를 수집하기를 원하기 때문에 점차 동 기간에 복합적인 전시회를 개최하는 이른바 'Co-location' 구성이 점차 많아지고 있는데 이는 궁극적으로 전시회의 가치를 향상시켜 지속적인 발전을 가져오게 한다. 런던보트쇼는 한 해의 트렌드를 선도하는 보트쇼답게 이러한 복합적인 개념의 '종합 레저쇼'(Total Leisure Show)로 점차 진화하고 있다.

<종합 레저쇼로 진화하고 있는 런던보트쇼>

위의 그림처럼 런던보트쇼는 '아웃도어쇼'와 '런던바이크쇼'를 통합하여 동시에 개최하는 새로운 시도를 했다. 즉 해양레저에서 육상레저를 포함하는 종합레저문화를 표방하는 '레저쇼'로 진화하고 있는 것이다. 아웃도어쇼에서는 등산·암벽등반·아이스브레이킹 등 육상 레저 관련 기업전시회와 취업박람회가 개최된다. 바이크쇼에서는 자전과 관련 제품과 기술, 부품 등 관련 제품이 총망라되어 전시된다. 입장권 하나만 있으면 세 전시회를 모두 관람할 수 있기 때문에 관람객이나 참가기업 모두 홍보와

정보습득 측면에서 굉장히 좋은 기회가 되고 있다.

이렇게 서로 유사한 전시회가 동기간에 한 장소에서 개최되면 여러 가지 긍정적인 효과를 거두게 된다. 우선 참가업체 입장에서 유사한 성격의 제품들이 한 곳에서 개최되기 때문에 관련 기술 및 제품 등 참가업체간의 정보 공유 또는 경쟁사의 동향 등을 종합적으로 파악할 수 있다. 특히 이러한 복합 전시회는 유사 전시회를 동기간에 한 장소에서 개최하기 때문에 일 년에 한번 빅쇼(Big Show)로 개최되는 성향이 있다. 따라서 해당 산업의 기업들은 이 전시회에 참가하지 않으면 이른 바 '정보소외' 효과를 초래하기 때문에 참가하지 않을 수 없는 유도효과를 불러일으킨다. 또한 유사 전시회의 바이어와 관람객이 한 장소에 모이기 때문에 관람객이 증가하는 효과가 있다. 우리나라에서도 킨텍스에서 개최되는 전자전이나 기계전과 같은 전시회들이 통합개최로 통상 30%이상 관람객이 증가한다는 통계가 있다. 이런 긍정적인 효과들 때문에 통합전시회 개최는 증가하는 추세에 있다.

5. 종합 해양레저 축제 - 영국 사우스햄튼보트쇼

<사우스햄튼보트쇼 개요>

- 기　　간 : 매년 9월
- 장　　소 : 영국 사우스햄튼 메이플라워파크
  　　　　　(Mayflower Park)
- 전시면적 : 160,000m^2
- 참가업체 : 530개사 (해외업체 80개사)
- 참 관 객 : 122,107명 (2010년 기준)
- 주　　최 : National Boat Shows Ltd.
- 홈페이지 : www.southamptonboatshow.com

영국 사우스햄튼보트쇼(Southhampton Boat Show)는 육상과 해상전시가 조화를 이루며 잘 이루어진 보트쇼이다. 런던보트쇼가 런던시내에 있어 실내전시회 위주로 구성되어 있다면, 사우스햄튼보트쇼는 해상과 육상이 거의 50:50으로 이루어진 해양전시회라 할 수 있다. 그래서 일반 관람객들도 가족단위로 방문하는 비율이 높고, 그래서인지 전시회와 축제의 특색이 서로 조화를 이루며 구성된 전시회라 할 수 있다.

특히 이 전시회는 경기도 화성 전곡항에서 최초 경기 국제보트쇼를 기획할 당시 벤치마킹의 대상으로 삼았을 만큼 해상과 육상의 전시특성을 잘 이용하고 있다.

<사우스햄튼보트쇼 배치도>

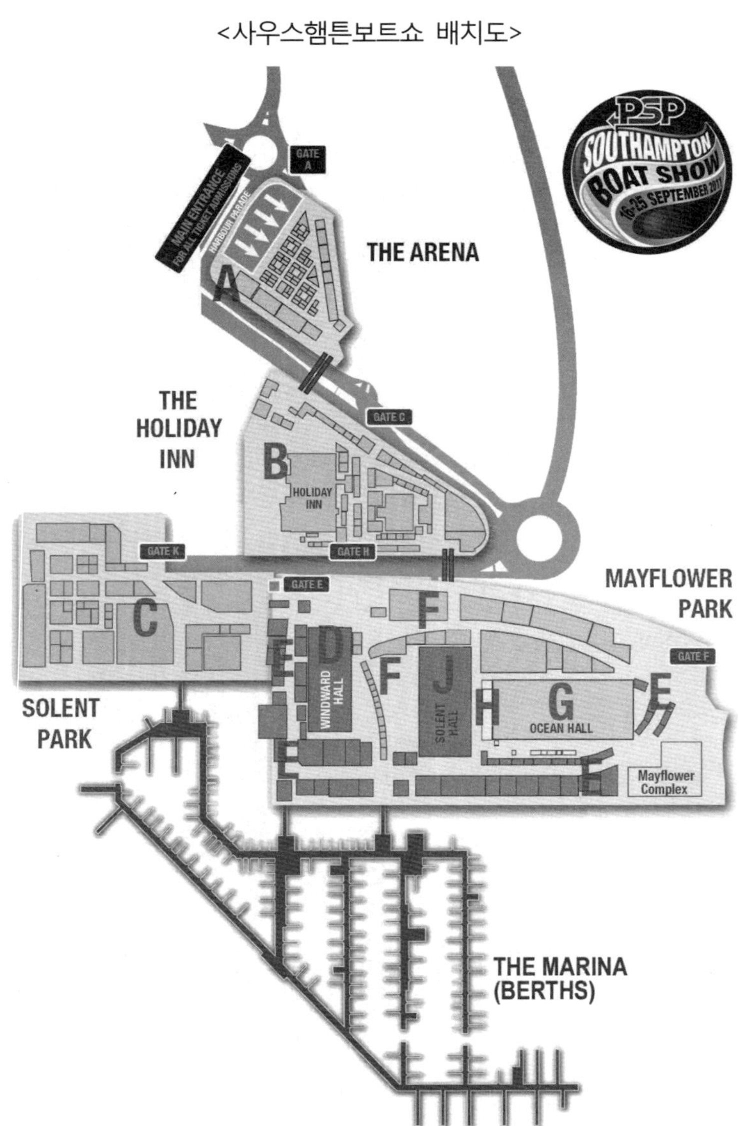

플라티넘 익스피리언스

사우스햄튼보트쇼는 관람객 및 기업 이벤트를 위한 특별한 서비스를 제공하고 있다. '프라티넘 익스피리언스'(Platinum Experience)라고 불리는 이 서비스는 일반적인 전시회 관람보다 조금 특별한 경험을 원하는 고객들을 대상으로 맞춤형 서비스를 제공한다. 95파운드, 즉 우리 돈으로 17만 원을 내면 프린세스 요트 투어 및 프라이빗 라운지 이용, 전시회 안내 및 가이드 서비스 등 특별한 경험을 선사한다. 이러한 서비스는 관람객뿐 아니라 기업에게도 제공하는데, 전시기업들이 고객을 위한 특별 행사를 진행할 수 있도록 공간을 제공하고 특별 라운지 및 별도의 행사기회를 주고 있다.

6. 내수시장을 기반으로 한 대중적인 쇼 - 그리스 아테네보트쇼

<아테네보트쇼 개요>

- ■ 기   간 : 매년 10월
- ■ 장   소 : 그리스 아테네 메트로폴리탄 엑스포 전시장
  (METROPOLITAN EXPO)

- 전시면적 : 50,000m^2
- 참가업체 : 287개사 (해외업체 7개사)
- 참 관 객 : 89,897명 (2010년 기준)
- 주   최 : EXPO ONE
- 홈페이지 : www.athensboatshow.gr

아테네보트쇼(Athens Boat Show)는 그리스 해양협회가 주최하는 전시회로 순수 민간단체가 직접 운영하는 전시회이다. 그리스는 전통적으로 11백만 국민이 모두 해양문화에 익숙한 해양국가다. 따라서 아테네보트쇼 역시 강력한 내수시장을 바탕으로 한 해양레저전시회이다. 그래서인지 그리스 이외 다른 국가들의 참여는 저조한 편이고, 자국 제조업체들 중심으로 구성되어 있다. 반면 유럽 다른 국가들보다 그리스 제조 요트 보트들은 가격적으로 저렴한 편이기 때문에 고급위주의 배보다 대중적인 제품들로 구성된 특징이 있다.

국가재정위기로 위기에 몰린 해양레저산업

2010년 그리스 재정위기가 닥치기 전 그리스는 남유럽의 복지 천국이었다. 국민들은 직장을 퇴직한 이후에도 퇴직직전 5년간 월급의 80%를 연금으로 받았다. 연금 보험료도 월급의 25%미만이었다. 이러한 그리스의 '보편적 복지' 시스템은 여생을 즐기려는 사람들의 풍족한 '돈줄'로서 역할을 하였고 가장 대표적 문화인 해양문화의 발전을 가져왔다.

　그러나 금융위기 이후 아이엠에프(IMF)로부터 구제금융 1,100억 유로(116조 1,600억 원)를 받기로 한 뒤부터 혹독한 빚 독촉에 시달리자 그리스의 해양레저산업도 위기를 맞고 있다. 내수가 기반이 된 그리스 해양레저산업은 내수 경기의 침체로 바로 직격탄을 맞고 있는 중이다.

7. 세계 5대 럭셔리 요트 제조국의 보트쇼 - 터키 이스탄불보트쇼

<이스탄불보트쇼 개요>

- 기　　간 : 매년 10월
- 장　　소 : 터키 이스탄불 시티 포트
  (Marinturk İstanbul City Port)
- 전시면적 : 150,000m^2
- 참가업체 : 175개사 (해외업체 51개사)
- 참 관 객 : 31,587명 (2010년 기준)
- 주　　최 : NTSR INTERNATIONAL FAIR &
  CONVENTION ORGANIZATIONS
- 홈페이지 : www.boatshow.com.tr

2011년 30회째를 맞는 이스탄불보트쇼(Istanbul Boat Show)는 2008년까지 이스탄불 외곽 전시장에서 개최되었으나 참가업체 및 관람객들의 접근성이 불편하여 2009년부터 이스탄불 시내 마리나로 이전해서 개최하고 있다. 특히 이스탄불 보트쇼는 터키의 '숍 앤 마일즈'(Shop & Miles)라는 금융회사가 메인스폰서로 지정되어 일반 보트쇼와는 다르게 최상위급 요트중심의 보트쇼로 타 보트쇼와 차별화 하고 있다. 또한 600개 이상의 브랜드들이 참여하기 때문에 유럽 각지에서 온 바이어와 소득수준이 높은 일반 관람객들 사이에 매우 인기가 높다.

<이스탄불보트쇼 개최지 시티포트>

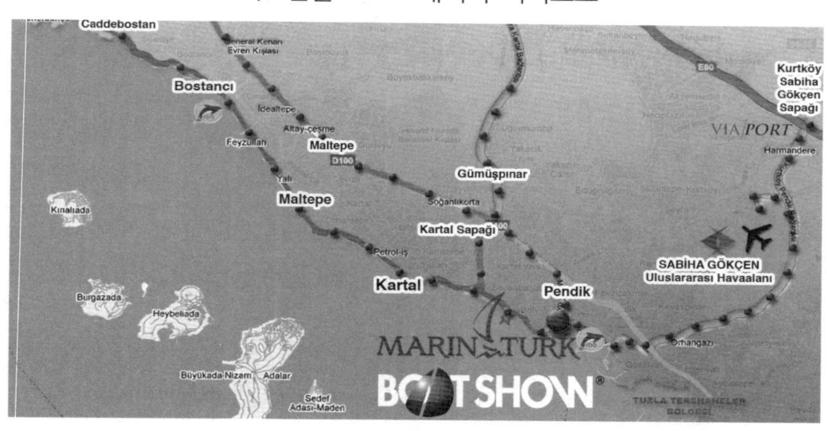

이스탄불보트쇼가 개최되고 있는 시티포트(City Port)는 마린투르크(Marin Turk)라는 민간회사에 의해 운영되고 있는 민영마리나다. 이곳은 특히 보스포러스 해협과 맞닿아 있어 도시의 아름다운 전경을 즐길 수

있는 아름다운 곳으로 총 752척을 정박할 수 있는 이스탄불에서 3번째로

큰 곳이다.

럭셔리 요트제조의 중심지로 부각

<이스탄불보트쇼 조감도>

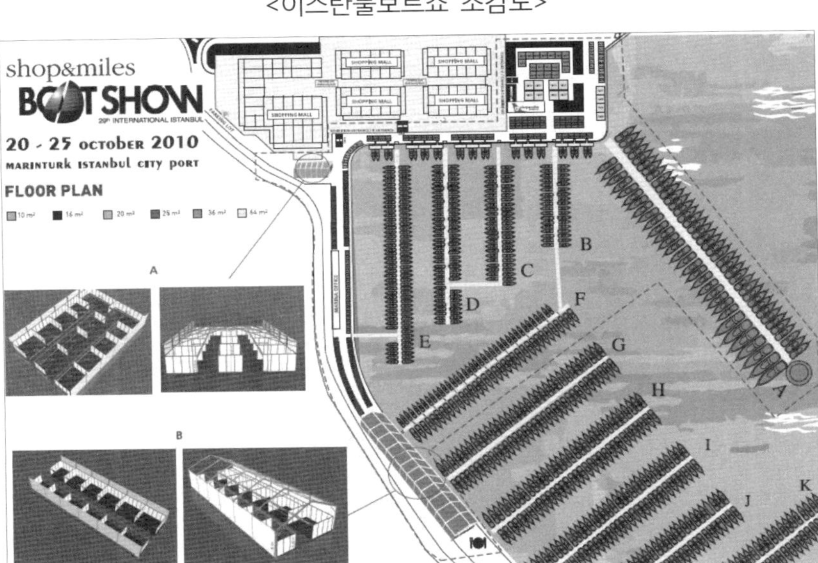

터키는 유럽에서 상대적으로 저렴한 노동력과 지리적 이점으로 유럽의

럭셔리 제조의 중심지로 부각되고 있다. 현재 터키는 세계 5대 메가요트

제조국 중 하나로 자리하고 있으며 많은 유럽의 메가요트 제조업체들이

직접투자를 통해 터키에 생산기지를 건설하거나, 또는 현제업체와 조인트

벤처 형태로 진출하고 있다. 특히 안탈리아(Antalya)와 보드룸(Bodrum)지
역은 글로벌 브랜드의 제조 기지로 떠오르고 있으며 2010년에만 25개의
새로운 럭셔리 브랜드들이 안탈리아 지방에서 생산되었다.

8. 세계최대 요트 구매시장 - 미국 마이아미보트쇼

<마이아미보트쇼 개요>

- 기   간 : 매년 2월
- 장   소 : 미국 마이아미 비치 컨벤션센터 및 씨아일마리나
             (Miami Beach Convention Center & Sea Isle Marina)
- 전시면적 : 225,430m^2
- 참가업체 : 2,000개사 (해외업체 41개사)
- 참 관 객 : 91,415명 (2010년 기준)
- 주   최 : NMMA
- 홈페이지 : www.miamiboatshow.com

세계 최대 보트 생산국의 보트쇼

마이아미보트쇼(Miami Boat Show)는 세계 최대의 요트시장 미국에서

열리는 가장 큰 보트쇼다. 참가업체만 2,000개가 넘는 세계 최대의 보트쇼다. 참관객은 이태리 제노아보트쇼가 가장 크지만 실질적인 비즈니스 거래나 업체 숫자 면에서는 단연 압도적으로 마이아미보트쇼가 세계 제일의 보트쇼라고 할 수 있다. 특히 플로리다 주는 미국 내 보트 등록 1위 지역이며 해양레저문화가 가장 발달한 곳이다.

<마이아미보트쇼 마케팅 프로그램>

구성	내용
Discover Boating Center	■ 보트관련 전문가로 구성된 (NMMA멤버 등) Discover Boating Center 운영, 소비자의 예산 및 라이프스타일에 따른 보트 구매 및 활용에 대한 맞춤형 정보 제공
Affordability Pavilion	■ 250 달러 이하 저렴한 예산의 소형 보트 전시 존 마련
Online Pre & Post Shop	■ 보트 판매 활성화를 위한 온라인 숍 운영 ■ 마이애미보트쇼에 참가한 모든 업체들의 제품을 품목별, 규모별, 예산별로 세분화하여 검색 가능
The NMMA Certification Program	■ NMMA의 요·보트 제조 안전기준을 마련, 자격증을 교부하여 소비자가 믿고 구매할 수 있도록 함
Big Game Room & Strictly Sail Seminar	■ 해양레저 관련 유익한 정보 제공을 통한 관련 인구 육성 ■ 보트 구매 및 향후 유지 방법 등에 대한 세미나 ■ 세일링 및 낚시 등 각 분야별 전문가들의 해양스포츠 강의

보트 인구 증대 및 구매 활성화를 위한 프로그램 구성

2011년 70회를 맞이한 보트쇼답게 마이아미보트쇼는 보트인구 증대와 보트구매 활성화를 위한 다양한 프로그램으로 참관객과 참가업체 마케팅을 하고 있다. 특히 업체별·품목별 존 구성, 세미나, 레저스포츠 강의 등 관람객의 정보욕구를 충족시키는 프로그램으로 많은 호응을 얻고 있다.

나. 한국의 보트쇼

1. 해양레저산업 발전의 견인차 - 경기 국제보트쇼

<경기 국제보트쇼 개요>

- 기   간 : 매년 6월
- 장   소 : 경기도 화성시 전곡항
- 전시면적 : $11,200m^2$ (해상 60척)
- 참가업체 : 227개사 (해외업체 106개사)
- 참 관 객 : 121,669명 (2010년 기준)
- 주   최 : 경기도·화성시·안산시

■ 홈페이지 : www.koreaboatshow.org

경기 국제보트쇼(Korea International Boat Show)는 2008년 경기도의 서해안개발프로젝트인 '골드코스트 프로젝트'의 일환으로 2008년 처음 시작되었다. 경기도 서해안 지역은 한국과 중국 교류의 거점이자 기회의 보고이고, 세계 5대 갯벌로 252킬로미터의 해안선과 150평방킬로미터에 이르는 거대한 개발가능지역이기 때문에 서해안을 개발하여 동아시아 시대의 교류거점으로 발전시키려는 목적 하에 출발하였다.

왜 경기도의 서해안 지역인가?

경기도는 2015년까지 경기만을 아시아 제1의 해양레저산업 관문(gateway)으로 집중개발하고, 개발과 생산, 마리나, 해양관광이 연계된 해양산업전문지역으로 육성하려는 장기 마스터플랜을 수립, 준비 중이다. 특히 187만 킬로미터 규모의 '전곡해양산업단지'를 조성하고 해양산업을 견인할 수 있는 '해양레저융합연구센터'를 건립하여 연구개발 중심지로 육성하려는 계획을 수립하였다. 또한 국제수준의 엔터테인먼트, 편의시설을 갖춘 1,700여 선석 규모의 마리나를 건설하고 150평방킬로미터에 이르는 지역을 '생태·해양관광지구'로 조성하여 해양레포츠 활성화를 도모할 계획이다.

특히 경기도는 대한민국 인구의 22%가 밀집해 있는 국내 최대의 지역이고 경기도내 39,000여개의 국내기업과 2,900여개의 글로벌기업의 한국지사가 위치해 있는 한국 경제의 근간이기도 하다.

해양레저산업 메카 육성

전곡해양산업단지의 완성은 우리나라 최초의 해양레저산업 기지가 완성된다는 것에 그 의의가 있다. 즉 선박설계와 생산 수리 및 판매가 집적화되고, 판매된 보트/요트를 계류할 수 있는 계류장과 리조트 등의 기반시설 및 보트를 즐길 수 있는 문화와 보트쇼 등이 어우러진 레저관광 비즈니스가 활성화 되면 우리나라 해양레저산업 발전의 기폭제가 될 것이 분명하다.

따라서 이러한 장기 프로젝트를 추진하기 위한 첫 사업으로서 경기도와 화성시, 그리고 안산시에 의해 보트쇼가 시작되었고, 아시아 5대 전시장인 킨텍스(KINTEX)와 무역진흥기관인 코트라(KOTRA)에 의해 보트쇼는 기획·운영되고 있다.

<전곡해양산업단지 디자인 콘셉트>

세계 유일의 지방자치단체가 주도하는 보트쇼

　세계 유수의 보트쇼가 해양레저협회나 민간 전시주최자에 의해 개최되는 반면에 경기 국제보트쇼는 세계에서 유일하게 지방자치단체에 의해 기획, 시작된 정부 주도 보트쇼(Government owned Boatshow)다. 전시회라는 것이 창의적인 기획과 마케팅이 중요한 사업인 만큼 지자체 주도의 보트쇼가 과연 가능할 것인가라는 의문을 제기하는 사람도 많았지만, 한국의 경우는 특수하게도 해양레저문화라는 것이 전혀 없는, 그야말로 척박한 상태에서 해양레저 산업을 발전시키기 위한 목적으로 시작되었기 때문에 100% 경기도의 예산과 지원 아래 시작된 것이다. 이는 한국의 1970-80년대 경제발전모델인 정부주도형 시장발전모델과 매우 유사한 형태로서 지자체가 산업 발전의 원동력이 되었다는 점에서 매우 독특하다. 경기 국제보트쇼는 세계에서 유례를 찾아볼 수 없는 지자체가 소유한 보트쇼로 다른 보트쇼들이 국가의 발전과 해양레저산업이 동시에 발전한 것과 달리 한국은 부유한 국가임에도 해양레저문화가 없다는 측면에서 지자체가 먼저 선견지명을 가지고 보트쇼를 시작함으로써 해양문화와 산업발전을 동시에 꾀하는 매우 독특하고(unique), 혁신적인(innovative) 모델이다. 마찬가지로 경상남도의 '대한민국 국제보트쇼' 역시 지자체가 먼저 비전을 가지고 출발했다는 점에서 그 의의를 찾을 수 있다고 하겠다.

해양레저문화를 체험하는 축제의 장

앞서 설명하였듯이, 한국의 해양문화는 말 그대로 해수욕이나, 바다나 강에서 낚시를 하는 것이 전부였다. 한국의 조선산업은 세계 1위를 달리고 있지만 해양레저산업은 이처럼 척박한 문화적 토대 때문에 지금껏 발전하지 못하여 왔다. 이러한 이유로 경기 국제보트쇼는 2008년 처음 기획 당시, 전시회의 기본인 비즈니스의 장 구성도 중요하나 먼저 일반 대중들에게 해양레저가 무엇이고, 요트가 부유층만의 오락이 아닌 대중적인 여가활동으로 인식될 수 있도록 친근하게 다가가려는 시도를 하였다. 그래서 전곡항에서 일반인들이 즐길 수 있도록 요트체험이나 보트레이싱, 코리아매치컵 요트대회 등 그간 한국에서는 볼 수 없었던 요트 페스티벌을 개최하여 2008년 1회 전시회에 20만 명 이상이 참가하는 대 성공을 거두게 되었다.

<경기 국제보트쇼 전경>

2011년 4회째를 맞이하는 경기 국제보트쇼는 이제 페스티벌에서 비즈니스쇼로 진화하는 단계에 있으며 경기 국제보트쇼를 통해 한국해양레저산업이 본격적으로 눈을 뜨게 되었다고 해도 과언이 아닐 정도로 많은

사람들이 보고 · 듣고 · 느끼는 해양레저축제로 성장하였다. 국제보트쇼기구연맹의 36개 보트쇼와도 분명히 차별화되는 '축제'(Festival)로의 시도는 새로운 보트쇼의 성공모델로 확인되고 있다.

한국 해양레저산업 발전의 견인차

2010년 초 국회에서는 마리나법을 제정하여 전국적으로 43개에 달하는 마리나를 개발하기로 하고 마리나와 항만 기본계획을 확정했다. 마리나가 개발되면 이는 육지에 고속도로와 휴게소를 만드는 것과 같은 효과로서, 마리나가 생기면 배를 정박하고 휴식하면서 수리할 수 있는 공간이 생기므로 요트 수요를 폭발적으로 증가시키게 된다.

<전곡마리나 계류장과 국제요트대회 경기정 지마린호>

이렇게 되면 해양레저 산업을 발전할 수 있는 인프라가 생기는 것이기

때문에 매우 중요한 일이 아닐 수 없다. 이러한 '마리나법'은 정부가 만들었지만 그 발단은 바로 화성 전곡항에서 보트쇼를 통해 해양레저가 산업화될 수 있다는 가능성을 보여줌으로써 시작된 것이다. 실제 보트쇼에 참가한 기업들은 보트/요트 딜러뿐만이 아니라 IT와 자동차 부품업체 등 우리나라가 핵심경쟁력을 가진 분야로서 이를 요트제조산업에 접목시킨다면 충분히 세계 시장에서 경쟁할 수 있는 수준이 될 것으로 보인다. 특히 조선산업이 세계 1위이지만 중국의 추격과 시장자체가 포화상태에 있는 상황에서 새로운 마켓으로서 해양레저산업은 앞으로 떠오르는 신 성장동력 산업일 수 밖에 없다. 이러한 발전의 시발점이 된 것이 경기 국제보트쇼를 통해 보여준 우리 기업들의 저력과 대중들의 새로운 해양문화에 대한 욕구에 대한 부응으로 마련된 것임을 현장에 있는 필자는 눈으로 목격하였다.

<경기 국제보트쇼 체험이벤트>

그리고 2011년 4회째를 맞이하는 경기 국제보트쇼는 지난 3년간의 대

중축제의 성격에서 본격적인 비즈니스 쇼로 탈바꿈하게 된다. 과거 전시회 및 육상/해상 축제와 콘서트 등 일반관람객의 호기심 유발을 위한 행사를 대폭 축소하고 해양산업 투자설명회 및 해양산단 입주기업 간담회 등 국내외 기업 및 바이어 정보 교류의 장을 강화하기로 한 것이다.

또 하나의 도전

이 책이 출간될 즈음 경기 국제보트쇼는 또 하나의 도전을 맞이하게 된다. 바로 국제보트쇼기구연맹 국제인증이다. 2011년 6월 네덜란드 로테르담에서 개최될 국제보트쇼기구연맹 연차총회에서 경기 국제보트쇼가 멤버가입여부가 확정이 된다.[14] 여기서 가입이 확정되면 개최 4년 만에 한국 최초의 국제 인증 보트쇼가 되는 것이고, 본격적으로 한국의 해양레저산업을 전 세계에 알릴 수 있는 기회를 맞게 된다. 자연히 경기국제보트쇼에 참가하는 기업들도 세계 유수의 바이어와 글로벌 업체들과 교류할 수 있는 기회와 시간도 더 많아질 것이다. 이러한 글로벌 네트워크를 바탕으로 또 한 번의 도전을 맞이하게 되는 경기 국제보트쇼는 더욱 더 많은 고민을 통해 세계 유수의 보트쇼와 경쟁하고 창의적이고 혁신적인 모델로서 더욱 발전해 가야 한다.

---

14) 준회원으로 가입되었다.

2. 대한민국 최초의 보트쇼 - 경남 대한민국 국제보트쇼

<경남 대한민국 국제보트쇼 개요>

- 기　　간 : 매년 봄 또는 가을
- 장　　소 : 경상남도 순회(2011년 창원시)
- 전시면적 : 육상 1,200부스, 해상 600부스
  　　　　　 (1부스 3m*3m 2011년 기준)
- 참가업체 : 142개사 (해외업체 47개사: 2011년 기준)
- 참 관 객 : 120,000명 (2010년 기준)
- 주　　최 : 경상남도, 창원시
- 홈페이지 : www.yachtkorea.or.kr

경남 '대한민국 국제보트쇼'는 '국내 최고의 해양레저산업 전문전시회' 라는 기치아래, 2007년 경상남도에서 국내 처음으로 개최된 보트쇼로서 2004년 11월부터 시작된 '남해안시대' 프로젝트의 일환으로 시작되었다. 경남, 부산, 전남이 상호협력하여 남해안이 가지고 있는 자연, 산업, 문화, 관광자원의 벌전 잠재력을 극대화하여 새로운 국가 성장동력 발원지로 육성하고자 하는 미래비전이 바로 남해안시대 프로젝트다. 국제적으로는 21세기 세계 경제의 중심인 동북아시아의 물류·관광·휴양 허브로 육성하 여 동북아 75대 경제권으로 부상시키고, 국내적으로는 수도권에 집중되어 있는 불균형을 해소하기 위해서 남해안에 수도권에 대응하는 제2의 경제축을 만들어 국가균형발전을 도모하기 위한 프로젝트로 이를 선도할 산업으로 요트산업을 선정하여 시작된 보트쇼이다. 경기도에서 1년 후에 시작된 '경기 국제보트쇼'와 더불어 해외에서 사례를 찾아볼 수 없는 한국만의 특이한 지방자치단체 주도의 보트쇼다.

해양레저산업 발전을 위한 보트쇼

보트쇼의 불모지였던 한국에서 처음으로 개최하는 보트쇼이고, 더욱이 수도권과 지리적으로 멀리 떨어져 있는 경상남도에서 보트쇼를 시작하는 데 있어서 무척이나 어려움이 많았다고 한다. 다행히도 경상남도가 남해안을 접하고 있어, 좋은 자연 환경을 지니고 있다는 것이 큰 장점이기는 하나, 수도권과의 거리는 극복하기 어려운 제약이다. 하지만 2011년 5회 기준으로 참가현황을 살펴보면, 올해로 5회째를 맞이하는 경상남도 대한민국 국제보트쇼는 차별화를 위해서 많은 사람들에게 보여주는 보트쇼보다는 해양레저산업 관계자들에게 도움이 되는 보트쇼를 중심 콘셉트로 하고 있다. 실제 완성품을 최종소비자에게 판매하는 것도 중요하지만, 산업부분에서 B2B를 중요시 생각하고 이 부분에 역점을 두고 있다.

<경남 대한민국 국제보트쇼 개막식 및 해상전시장>

그 결과 2010년 보트쇼 기간 중 계약이 성사된 것만도 95억 원에 달하고, 전체 매매상담 규모는 398억 원에 이른다. 2011년에는 22개 업체가 21,291,000 달러(약 230억 원)의 수출계약을 체결했으며, 130,370,000 달러(1,210 억 원)의 상담성과를 올렸다. 그래서 비즈니스 프로그램을 상대적으로 강화하고 있으며, 올 해에는 아랍에미레이트 선주의 약 100억 원 상당 요트 3척 발주계획 설명회를 비롯하여 19개 제조업체가 참가했다. 스페인의 '아이피엠매니지먼트'(IPM Management)사는 행사 기간 중에 한국법인 '아이피엠 코리아' 설립을 신청한데 이어서 다음 달에는 창원에 사무실을 개설한다고 한다. 이 회사는 작년도 보트쇼 개최지인 고성군 당항포에 단계적으로 요트 수리 및 제조 시설을, 마산 합포구 구산면 일원에는 마리나 관련 시설에 대한 단계적 투자를 결정하기도 했다.

보트쇼 기간에는 참가업체간의 스페셜 네트워킹 파티를 전시시간 이후인 오후 6시 30분부터 8시 30분 사이에 개최하기도 하였다. 마리나 투자유치 상담회, 수출상담회, 국가별 홍보설명회 등이 개최되었다. 2010년 초 마리나법이 제정되고 43개 마리나 개발개획이 발표되면서 마리나 산업부분의 전문인력에 대한 필요성이 대두되자 2010년부터는 호주 마리나산업협회(Marina Industries Association of Australia)의 주관으로 미아 마리나 교육프로그램을 개최하고 수료자에게는 호주 마리나 협회와 세계 마리나 협회가 공동인증하는 수료증을 교부하였다.

<경남 대한민국 국제보트쇼 전시장>

왼쪽은 옥외전시장 엠보트 부스, 오른쪽은 옥내전시관 볼보펜타 부스

부대행사로 근래 해양레저산업부분에서 가장 주목 받고 있는 마리나를 주제로 한 '글로벌 마리나포럼'에는 세계마리나 시공 시장 점유율 1위 업체인 미국 벨링햄 마린의 대표 에버렛 배빗과 스페인 아이피엠매니지먼트의 대표이사 패트릭 레이네스, 호주 1위업체인 수페리어 제티의 대표인 존 호건 등의 마리나 산업의 영향력 있는 연사들이 '글로벌 리더에게 배

우는 마리나 개발과 운영'이라는 주제로 발표하였다. 그리고 점점 대형화되어가고 있는 요트들과, 글로벌 경제위기에도 거의 영향을 받지 않은 150억 달러의 시장인 '슈퍼요트'를 주제로 한 오픈 세미나가 열렸다. 또한 대한마리나산업진흥회도 '국내 마리나 및 요트산업 발전 전략과 제약 요소'라는 주제로 포럼을 개최하였다. 또한 창원시시설관리공단의 후원으로 '국제보트쇼 매치레이스 요트대회'도 개최했다.

일반인을 대상으로 하는 퍼블릭 프로그램으로는 카타마란·모터요트·세일요트·펀보트, 카누·카약 체험 등이 있었고, 목조보트 제작 시연회와 피싱 클리닉 등의 프로그램을 진행했다.

보트쇼의 미래

2011년 4월에는 서울 여의도에서도 보트쇼가 처음으로 열렸는데, 해양레저산업이 발전하고, 성장해 나감에 따라 보트쇼도 따라서 성장하고, 이 보트쇼가 또 하나의 지표가 될 것이다. 일각에서는 작은 나라에서 여러 개의 보트쇼가 필요한 것인가? 또 서로 경쟁력을 확보할 수 있겠느냐 등의 우려 섞인 말들이 나오고 있지만, 산업 초기에 정부주도로 육성하고 발전시켜서 안정기에 접어들면, 산업계 즉 선진국들과 같이 요트업협회 등에서 이어 받아서 발전시켜 나아가게 될 것이고, 이때가 되면 자연스럽

게 경쟁력을 갖추지 못한 보트쇼는 시장원리에 맞춰져 흡수·통합 될 것

으로 보인다.

<경남 대한민국 국제보트쇼 체험이벤트>

보트쇼와 해양레저산업이 아직 대중들에게 인지도가 낮다. 또한 정부를

비롯한 공공부분의 지원이 절실히 요청된다. 그러나 국민들의 인지도가

향상되면서 해양레저 수요가 형성되면 해양레저시장도 커지게 될 것이다.

이 단계에 이르게 되면 해양레저시장은 자생력을 갖추게 된다. 당연히 보

트쇼도 자생력을 갖게 되고 해양레저산업은 신성장동력으로 자리를 잡게

될 것이다.

제5장 해양레저도시

가. 해양레저도시 경쟁력

전 국토에 펼쳐져 있는 천혜의 자연환경을 어떻게 활용하여야 하는가에 따라 대한민국과 해양레저 발전에 대단히 주요하다. 하지만 이런 천혜의 자연환경도 사용자가 올바르게 사용하지 않으면 그 가치는 사라지게 된다. 이것은 정책이 얼마나 중요한 것인가를 알려주는 것이기도 하다.

해외 선진 사례에서 알 수 있듯이 국민소득 2만 달러를 넘어서게 되면 새로운 여가의 형태가 나타난다. 그 하나는 승마이고 다른 하나는 해양레저다. 이에 정부는 2011년 '말산업육성법'을 제정하여 승마를 육성하고 있으며, 해양레저도 지난 2000년에 '수상레저안전법'을 시작으로 2010년 '마리나 항만의 조성 및 관리 등에 관한 법률'을 타법 개정을 통해서 공포함으로써 육성하고 있다. 이와 같은 법률을 제정하여 레저산업을 육성하는 이유는 관련 산업 및 여가를 제도권 안으로 흡수하여 이를 이용하는 국민들이 여가를 향유할 수 있도록 제도적 장치를 마련하고자 하는 것이다.

해양레저의 경우 이전부터 해양레저를 향유하고 있던 사람들 중 일부에서는 법률 때문에 과거에 없었던 제약조건이 만들어져 오히려 불편을 야기한다고 주장하기도 한다. 하지만 이 법률들은 새롭게 해양레저를 접하게 되는 사람들이 손쉽게 해양레저 활동을 시작하고 기존에 해양레저를 즐기고 있는 사람들이 안전하게 해양레저를 계속할 수 있도록 하는데 일조하고 있다.

1995년부터 시작된 지방자치제도로 말미암아 전국의 각 자치단체는 개별적으로 지역발전을 도모한다는 명목으로 유사한 시설을 무분별하게 도입하는 폐단이 발생하기도 했다. 일부 드라마 세트장 사례에서 보듯이 중복과잉 집행된 공공시설은 경쟁력을 상실하게 되고, 결국 흉물스럽게 방치되다가 또 다시 예산을 들여서 모두 걷어내는 오류를 범하기도 했다. 따라서 올바른 정책의 수립과 집행을 통하여 소중한 국민의 세금을 올바르게 사용함으로써 경쟁력 있는 공공시설을 확충해야 할 것이다. 해양레저도 예외는 아니다.

올바른 해양레저 정책을 개발하기 위해서는 정확한 조사와 각계 전문가의 다양한 의견수렴 등이 필수적이다. 또한 명확하고 객관적인 기준에 따라 최선의 정책집행 수단을 선택함으로써 효율적으로 예산을 집행하여야 한다. 이와 같이 올바른 해양레저 정책을 개발하고 경쟁력 있는 해양레저 시설을 확충하는 첫 단계는 정확한 진단과 측정이다.

1. 경쟁력이란?

경쟁력에 대한 정의

마이클 포터(Michael Porter)는 '경쟁력' 개념을 도입한 대표적인 학자다. 마이클 포터는 그의 저서 『국가경쟁우위』(Competitive Advantage of Nations)에서 경쟁전략을 근간으로 경쟁력을 설명하고 있다. 마리나의 경쟁전략 수립은 해양레저산업의 주변 환경을 유기적으로 연결시키는데에 그 본질적인 의미가 있다. 그러나 해양레저산업을 둘러싼 주변 환경을 아우르는 경쟁전략을 세우는 것은 쉽지 않다. 기업 경쟁전략 전문가들은 모든 환경 요인을 분석하기보다 기업 간 경쟁에 가장 큰 영향을 미치는 환경 요인, 즉 산업을 집중해서 분석한다. 산업은 여러 환경 요인 중 기업 활동에서 가장 직접적인 영향을 끼치는 요인이기 때문이다.

마이클 포터는 기존 이론으로는 국제경쟁력을 설명하는데 한계가 있다고 보고 새로운 패러다임의 필요성을 주장하였다. 포터는 이 연구에서 아래 그림과 같이 경쟁력이 있는 특정산업의 국제경쟁력 결정요인에는 생산요소조건 · 시장수요조건 · 관련산업 및 지원산업 · 기업의 전략과 구조 및 경쟁관계와 같은 4가지의 내생적 요인과 기회의 역할과 정부의 역할과 같은 2가지 외생적 요인이 있으며, 국제경쟁력은 이들 조건간의 상호

작용에 의해 결정된다고 주장했다.

<국가경쟁력 결정요인으로서 다이아몬드 모델>

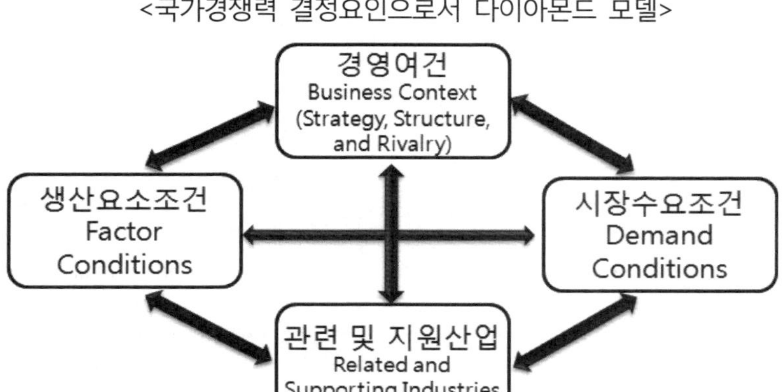

출처 : 조동성 · 문휘장. 2006. 『국가경쟁력 이론과 실제』한국경제신문

9팩터 모델

  문휘창 교수와 조동성 교수는 물적요소와 인적요소를 구분하고 기회
변수를 추가한 9팩터 모델을 개발함으로써 마이클 포터의 다이아몬드 모
델을 더욱 발전시켰다. 9팩터 모델은 근로자와 정치가, 행정관료 그리고
기업가와 전문경영인 및 기술자와 같은 인적자원의 역할을 강조함으로써
무에서 유를 창조한 한국적인 상황에 더 적합한 모델이라고 할 수 있겠
다.

<9팩터 모델>

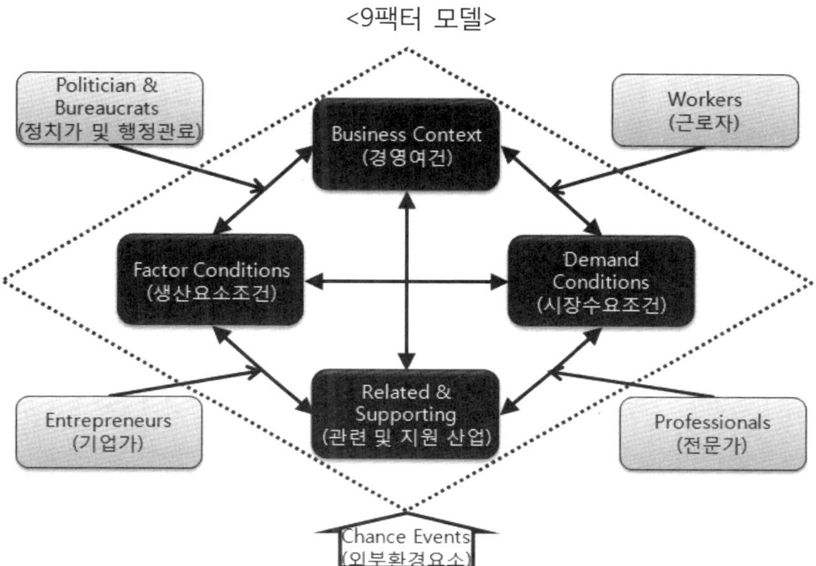

출처 : 조동성 · 문휘창. 2006.『국가경쟁력 이론과 실제』한국경제신문

그러나 9팩터 모델도 다이아몬드 모델의 가장 중요한 약점 중 하나로 지적되고 있는 국내기반(home base)에 대한 지나친 강조의 한계를 넘어서지 못한 약점을 지니고 있다. 마이클 포터의 다이아몬드 모델 역시 노동자를 생산요소조건에 포함시키는 등 일부 인적요소를 고려하기는 했지만 9팩터 모델만큼 포괄적이거나 체계적이지는 못하다. 아래 그림은 포터의 다이아몬드 모델이 갖는 변수와 문휘창 교수의 9팩터 모델이 갖는 변수간의 관계를 정리하여 보여주고 있다. 9팩터를 구성하고 있는 각 요소를 물적요소와 인적요소로 나누어 세부적으로 살펴보면 다음과 같다.

<다이아몬드 모델과 9팩터 모델 비교>

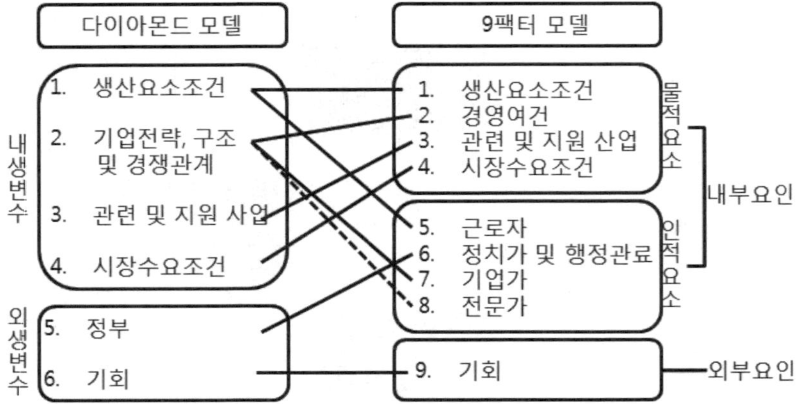

출처 : 조동성 · 문휘창. 2006. 『국가경쟁력 이론과 실제』한국경제신문

물적요소

① 생산요소조건

생산요소조건은 부존자원 · 환경자원 · 자본자원 등으로 구성되어 있다. 이들 자원은 경제 활동의 투입요소로 활용할 수 있으며, 이를 통해 경쟁력 발전에 기여할 수 있다.

② 경영여건

경쟁과 시장 체제에 대한 사람들의 인식, 경제 활동에 참여하는 생산자·상인·소비자 등의 상거래 관련 법규 준수 및 의무 이행을 위한 노력 등이 여기에 속한다. 산업 수준에서는 경쟁자의 숫자와 크기, 진입장벽의 종류와 높이, 제품 차별화의 정도, 기타 경제활동의 경쟁관계를 형성하는 요소에 의해 경영여건이 결정된다. 또한 기업 수준에서는 기업의 전략과 조직, 기업 내 개인과 집단의 태도와 행동 등이 경영여건을 결정하는 주요 요소다.

③ 관련 및 지원 산업

관련 산업은 수직적 관련 산업과 수평적 관련 산업으로 나누어 생각해 볼 수 있다. 수직적 관련 산업은 특정 제품의 생산에서 가치사슬(value chain) 내 전방과 후방 관계에 있는 산업을 의미하고, 수평적 관련 산업은 동일한 기술·원료·채널·마케팅 방식 등을 사용하는 산업을 의미한다. 지원 산업에는 금융·보험·정보·운송 및 기타 서비스 등이 포함된다.

④ 시장수요조건

시장수요조건은 수요의 양과 질적인 측면에서 분석할 수 있다. 국내시장의 크기는 수요의 지속성과 국내 기업이 활용 할 수 있는 규모의 경제의 수준을 결정한다. 그러므로 기업은 해외에 진출하기 전 자국 시장에

제품을 출시해 반응을 살펴봄으로써 사전 검토를 할 수 있고, 이를 통해 해외 진출의 위험을 감소시킬 수 있다.

시장수요의 질은 더욱 중요한 역할을 한다. 소비자의 기대 수준이 높을수록 경쟁이 치열해지므로 제품의 품질에 대한 세련된 소비 성향과 엄격한 기준을 갖추고 있는 국가에서는 기업들이 소비자를 만족시키기 위해 노력하는 과정에서 경쟁력을 갖추게 된다.

인적요소

인적요소는 근로자·정치가 및 행정관료·기업가·전문가 등 네 부분으로 구성되어 있으며 이러한 인적요소가 물적요소를 효율적으로 활용해 경쟁력을 창출한다.

① 근로자

근로자의 가치를 평가할 수 있는 가장 손쉬운 방법은 임금 수준을 살펴보는 것이지만, 이는 노동생산성에 직접 또는 간접적으로 영향을 미치는 여러 가지 요인 중 하나일 뿐이다. 노동생산성에 영향을 미치는 다른 요소로는 교육 수준·조직에 대한 소속감·직업윤리·노동시장의 규모 등을 들 수 있다.

② 정치가 및 행정관료

정치가들은 정치권력을 획득하고 그것을 유지하기 위해 노력하는데, 경제발전은 이러한 목표를 달성하기 위한 여러 방법 중 하나다. 경제 성장과 성공을 위해 노력하는 정치가들이 집권하고 있는 국가는 경쟁력을 창출하고 향상시키기가 수월하다. 일반적으로 부정부패가 없고 효율적인 행정관료는 정책 실현에 큰 도움이 되는데, 이는 경제발전에 대한 정치가의 관심과 더불어 국가경쟁력 발전에 큰 영향을 미친다.

③ 기업가

일반적인 의미의 '기업가(企業家)'가 아리나 기업을 일으켜 세웠다는 의미의 '기업가'(起業家)를 뜻하는 것으로 'entrepreneur'나 '창업가'(創業家)를 이르는 말이다. 이러한 의미에서 기업가는 높은 위험을 감수하면서 새로운 사업에 진출하기 때문에 일반적인 사업가와는 구별된다. 기업가는 경제발전의 초기 단계에서 필수불가결한 존재다. 경제가 발전함에 따라 위험을 감소시키고 이윤을 극대화하려는 기업가의 노력으로 인해 경쟁력이 강화된다.

④ 전문가

경쟁이 심화되면 단지 위험을 감수하는 기업가 정신만으로는 가격 인하와 서비스 증대라는 현실적 요구를 모두 감당할 수 없다. 이러한 상황에서는 전문경영인과 기술자 등 전문가의 역량을 바탕으로 원가를 절감하고 품질을 개선하도록 노력해야 기업과 국가의 경쟁력을 지속적으로 유지할 수 있다. 물론 여기서 전문가란 경영전문인뿐만 아니라 사회 각 분야의 전문가인 과학자·예술가·변호사 등을 모두 포함한다.

기회요소

마지막으로 외부 환경요인인 기회의 내용을 보면 기회요소는 예출불가능한 환경의 변화로서 기술 및 제품의 예상치 못한 혁신, 유가 파동, 국제 자본시장 및 외환시장의 급등락, 외국 정부의 정책 변화, 국제 수요의 변화, 전쟁의 발발 등을 일컫는다. 기회요소가 경쟁력에 영향을 미치는 경우, 경쟁력을 유지하거나 이를 발전의 계기로 삼기 위해서는 경쟁력을 구성하는 물적요소와 인적요소를 재구성해야 한다.

2. 경쟁력 측정

물적 요소

① 생산요소조건

물적 요소인 생산요소조건은 광역자치단체의 면적과 인구 그리고 마리나를 조성하는 곳이며 해양레저를 즐기는 접점이 되는 곳이 해안이므로, 해안선의 길이를 한 요소로 선정하였다. 면적은 국토해양부가 발행하는 『지적통계연보』에서 2011년 말을 기준으로 하였다. 구분기준 단위는 4천 평방킬로미터로 하였다. 인구는 2012년 5월 주민등록을 기준으로 250만 명 단위로 5점 척도로 구분하였다. 해안선길이는 국립해양조사원이 전자해도를 이용한 해안선 길이 산출법을 통해 발표한 자료중 도서지역을 제외한 육지의 해안선을 기준으로 하였다. 500킬로미터를 단위로 5점 척도로 구분하였다.

위와 같은 기준으로 마리나가 설치되어 있는 전국 9개의 광역자치단체의 생산요소조건을 점수화했다. 3가지 세부평가항목을 합산하여 산술평균을 내는 방식으로 생산요소조건의 지자체별 경쟁력을 측정하였다.

<물적요소 원자료>

	생산요소조건			경영여건		관련 및 지원조건		시장수요		
	해안선 길이 (km)	면적 (km^2)	인구 (명)	선박 수 (척)	선석 수 (석)	개수 (곳)	면적 (천 m^2)	발급 인원 (명)	발급 비율 (%)	개발 총수 (석)
부산	224	768	3,543,688	551	448	24	35,241	11,080	0.341	648
경기	209	10,171	11,998,173	1,764	191	112	246,329	5,830	0.215	1,200
강원	286	16,787	1,537,673	759	100	63	20,067	3,028	0.122	296
충남	704	8,630	2,112,849	928	0	147	112,580	1,681	0.11	600
전북	265	8,067	1,873,141	233	37	76	123,821	14,621	0.128	300
전남	2,104	12,257	1,910,689	587	96	87	253,230	2,808	0.151	577
경북	321	19,030	2,694,930	632	36	127	135,599	3,988	0.358	800
경남	1,347	10,533	3,311,574	1,177	172	160	119,183	1,664	0.116	552
제주	308	1,849	579,260	353	54	5	1,606	1,474	0.099	328
기준	500	4,000	2,500,000	400	100	35	60,000	3,500	0.08	250

② 경영여건

　경영여건의 경우 계류장의 선석수는 국토해양부 발표 자료와 각 마리나별로 발표하는 자료를 직접 취합하였다. 구분기준은 100석으로 하였다. 다른 한 요인으로 수상레저안전법을 통해 등록된 동력수상레저기구의 숫자를 기준으로 하였으며, 400척을 한 단위로 하였다. 수상레저안전법에 따라 등록된 동력수상레저기구의 숫자와 계류장의 선석수를 위와 같은 방법으로 5점 척도로 구분한 두 값의 산술평균값으로 광역자치단제별 경영여건 경쟁력을 측정하였다.

<물적요소 점수>

	생산요소조건				경영여건			관련 및 지원조건			시장수요조건			
	해안선길이	면적	인구	평균	선박수	선석수	평균	개수	면적	평균	발급인원	발급비율	예정선석수	평균
부산	1	1	2	1.33	2	5	3.50	3	1	2.00	4	5	3	4.00
경기	1	3	5	3.00	5	2	3.50	4	5	4.50	2	3	5	3.33
강원	1	4	1	2.00	2	1	1.50	2	1	1.50	1	2	2	1.67
충남	2	3	1	2.00	3	1	2.00	5	2	3.50	1	2	3	2.00
전북	1	3	1	1.67	1	1	1.00	3	3	3.00	5	2	2	3.00
전남	5	4	1	3.33	2	1	1.50	3	5	4.00	1	2	3	2.00
경북	1	5	2	2.67	2	1	1.50	4	3	3.50	2	5	4	3.67
경남	3	4	2	3.00	3	2	2.50	5	2	3.50	1	2	3	2.00
제주	1	1	1	1.00	1	1	1.00	1	1	1.00	1	2	2	1.67

③ 관련 및 지원 조건

관련 및 지원 조건의 경우 각 광역자치단체에 존재하는 산업단지의 수와 단지의 면적을 기준으로 하였다. 자료는 한국산업단지공단에서 발표하는 전국산업단지 현황통계로 2012년 1분기 기준으로 국가산업단지·지방산업단지·농공단지 등 모든 산업단지를 포함하였다. 산업단지의 숫자 측정단위는 35개로 하였고, 산업단지의 면적 측정단위는 60평방킬로미터로 하였다. 광역자치단체별 산업단지의 숫자와 면적을 5점 척도로 구분한 산술평균값을 관련 및 지원 조건 경쟁력을 측정하였다.

④ 시장수요조건

시장수요조건의 경우 각 광역자치단체의 동력수상레저조종면허 취득인원과 인구대비 비율 그리고 향후 건립예정인 마리나 계류장 선석의 숫자를 기준으로 하였다. 동력수상레저조종면허 취득인원과 인구대비 비율은 동력수상레저 조종면허 제도를 시행하는 해양경찰이 매년 발행하는 『해양경찰백서』(2011년)를 기준으로 하였고, 향후 건립예정인 마리나 계류장의 숫자는 2010년 국토해양부에서 발표한 제1차 마리나항만 기본계획을 기준으로 2012년 6월까지 조성된 숫자를 제외한 숫자를 기준으로 하였다. 동력수상레저조종면허 취득인원은 그 기준을 3,500명으로 하였고, 동력수상레저 조종면허의 인구대비 취득비율은 그 기준을 0.08%로 하였으며, 향후 건립예정인 마리나 계류장 선석수의 경우 측정단위를 250선석으로 하였다. 광역자치단체별 동력수상레저조종면허 취득인원과 인구대비 비율 그리고 향후 건립예정인 마리나 계류장 선석의 숫자를 5점 척도로 구분한 각 값의 산술평균값으로 시장수요조건 경쟁력을 구하였다.

인적요소

① 근로자

근로자조건은 광역자치단체에 속해 있는 해양레저 관련학과의 학부생 숫자로 측정하였다. 학과명에 해양·요트·여가 등 포함되어 있는 학과의 입학정원을 기준으로 측정하였다. 해양생물학과·해양수산학과·조선학과 등과 같은 해양레저가 아닌 기존의 해양산업과 관련된 학과는 제외하였다. 그리고 일반 체육학 관련학과 중에서 해양스포츠 과목이 개설되어 있지 않은 경우도 제외하였다. 측정단위 인원은 60명으로 하였다.

또한 동력수상레저기구 조종면허 1급 취득자 숫자와 요트 조종면허 취득자 숫자를 측정하였다. 현행법상 동력수상레저기구 사업장에서 근로하거나 사업장을 운영하기 위해서는 반드시 동력수상레저기구 1급 조종면허 또는 요트면허를 취득하여야만 하기 때문이다. 측정단위 인원은 1,500명으로 하였다.

이상 두 가지 측정기준, 즉 관련학과 학부생의 숫자와 동력수상레저기구 1급 조종면허 및 요종 조종면허 취득자 숫자 등 두 값을 산술평균하여 근로자의 경쟁력을 측정하였다.

② 정치가 및 행정관료

정치가 및 행정관료의 경우 정치가는 국회의원 중 19대 국회 국토해양위원회 소속의원의 지역구를 기준으로 산정하였다. 측정단위는 1명을 기준으로 하였다. 비례대표는 지역구가 없으므로 제외하였다. 행정관료는 해당 광역자치단체의 관련 공무원 숫자와 마리나가 위치한 기초지방자치단체의 관련공무원 숫자를 합산하였다. 관련 담당 공무원 여부는 해당자치 단체의 홈페이지에 기재되어 있는 업무분장을 통해 직접 확인하였다. 척도 간 기준이 되는 인원은 6명으로 하였다. 이 두 값의 산술평균을 구하여 정치가 및 행정관료의 경쟁력을 측정하였다.

<인적요소 원자료>

	근로자		정치가	행정관료	기업가		전문가	
	학부생 (명)	1급면허 취득자 숫자(명)	국회의원 (명)	공무원 (명)	서비스업 (개)	제조사 (개)	전문가 (명)	시험관 (명)
부산	260	4,309	2	25	114	13	31	17
경기	0	6,321	6	27	92	7	3	5
강원	0	3,008	1	6	12	3	0	12
충남	120	2,802	3	7	4	2	3	6
전북	0	416	1	5	6	1	0	6
전남	200	3,096	2	9	13	23	7	25
경북	40	3,656	1	9	7	2	1	20
경남	120	4,542	2	12	45	18	2	26
제주	0	1,231	0	2	45	18	2	26
기준	60	1,500	1	6	25	5	7	6

③ 기업가

기업가의 점수는 각 광역자치단체에 존재하는 해양레저 선박인 동력수상레저기구를 생산하는 업체 숫자와 현재 설치되어 있는 마리나에서 발표하는 공식 선석 숫자를 기준으로 하였다.

2008년 경기도가 제1회 경기 국제보트쇼를 개최하면서 '경기도 해양레저산업 육성을 위한 연구'라는 이름으로 전국의 해양레저 산업현황을 발간한 자료를 기준으로 제조업체수를 산정했다. 제조업체의 측정단위는 5개로 하였다.

서비스업체수는 각 해당 광역자치단체의 해양레저 관련 유통 및 서비스 업종의 업체수로 산정하였다. 앞서 물적요소의 제조업체수를 산정한 것과 같은 자료를 기준으로 하였다. 서비스업체수의 측정단위는 25개로 하였다.

제조업체 숫자와 유통 및 서비스 업체의 숫자를 측정단위별로 합산한 갑의 산술평균으로 기업가의 경쟁력을 측정하였다.

④ 전문가

전문가는 해당광역단체에 있는 대학원 관련학과 박사과정 학생 숫자와 대학교 교수 숫자, 그리고 그 지역에 있는 해양관련 전문 연구소의 연구원 숫자를 합산하여 계량화하였다. 전문가의 측정단위는 7명으로 하였다. 동력수상레저기구 조종면허시험관 숫자도 전문가를 측정하는 기준으로 사용하였다. 측정단위는 6명으로 잡았다. 위 2가지 요인들의 점수를 산술평균한 값을 전문가 경쟁력 점수로 사용하였다.

<인적요소 점수>

	근로자			정치가 및 행정관료			기업가			전문가		
	학부생	1급 면허 취득 자수	평균	국회의원	공무원	평균	서비스업	제조사	평균	전문가	시험관	평균
부산	5	3	4.00	2	5	3.50	5	3	4.00	5	3	4.00
경기	1	5	3.00	5	5	5.00	4	2	3.00	1	1	1.00
강원	1	3	2.00	1	2	1.50	1	1	1.00	1	2	1.50
충남	2	2	2.00	3	2	2.50	1	1	1.00	1	1	1.00
전북	1	1	1.00	1	2	1.50	1	1	1.00	1	1	1.00
전남	4	3	3.50	2	2	2.00	1	5	3.00	1	5	3.00
경북	1	3	2.00	1	2	1.50	1	1	1.00	1	4	2.50
경남	2	4	3.00	2	2	2.00	2	4	3.00	1	5	3.00
제주	1	1	1.00	1	1	1.00	1	1	1.00	1	3	2.00

기회요소

　기회요소는 내부와 외부에 모두 존재한다. 2008년 미국발 경제위기는 아직도 우리나라의 해양레저산업에 막대한 영향을 미치고 있지만 아무도 예측하지 못했다. 동해와 서해의 기회요소는 그 양상이 사뭇 다르다. 서해안의 경우, 연평해전·천안함사건·백령도포격 등과 같이 북한과의 물리적 충돌이 기회요소였다. 우발적으로 발생했기 때문에 예측할 수 없었고 그 영향은 일시적이기는 하나 거의 전쟁에 준했다. 동해안의 경우, 독도 영유권 문제와 같은 일본과의 영토분쟁이나 태풍과 같은 자연재해가 기회요소로 작용했다.

3. 해양레저 경쟁력

물적요소.

물적요소 전체를 산술평균한 값으로 각 광역자치단체의 경쟁력을 살펴보면, 전체평균은 2.41이었다. 경기도가 3.21점으로 가장 높았으며, 제주특별자치도가 1.17로 가장 낮았다. 경기도와 전라남도(3.08)는 3점이 넘는 높은 점수를 받았지만, 강원도(1.54점)와 제주특별자치도(1.17점)는 1점대를 기록해서 많이 낮게 나왔다.

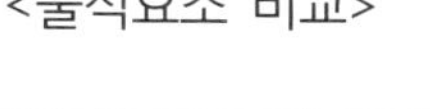

<물적요소 비교>

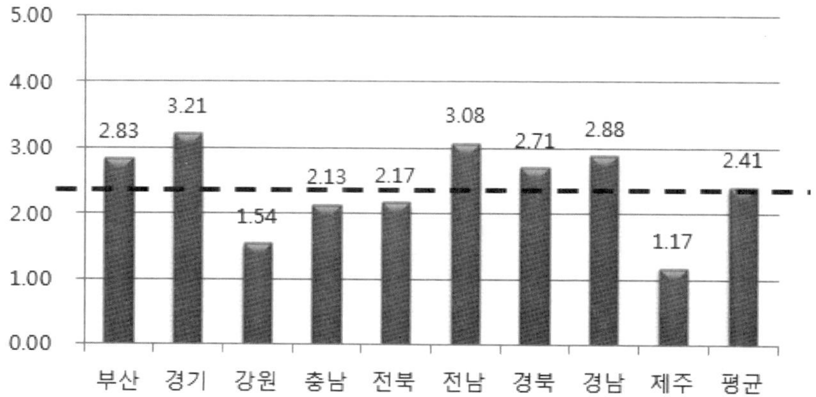

인적요소

인적요소의 경우 아래 표에 나타나듯이 부산광역시가 3.88점으로 가장 높았고, 3.00을 획득한 경기도는 2위를 기록했다. 인적요소 1위 부산광역시와 2위 경기도 간의 경쟁력 점수차가 대단히 크고, 부산광역시와 경기도 단 두 곳만 3점이 넘는다.

전라남도(2.88)와 경상남도(2.75)는 경기도와 근소한 차이를 나타내고 있다. 경상북도(1.75점)·충청남도(1.63점)·강원도(1.50점)·제주특별자치도(1.25점)·전라북도(1.13점) 등 나머지 지역은 모두 1점대로 낮게 나왔다. 인적요소 전체 평균은 2.19점으로 물적요소 점수보다 낮았다.

<인적요소 비교>

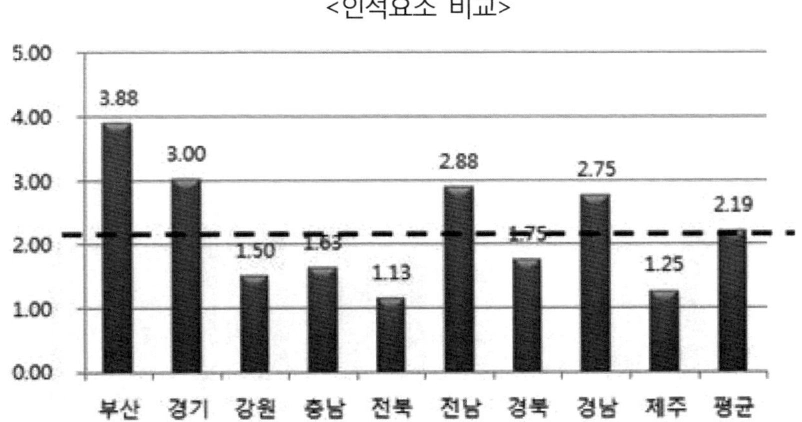

경쟁력

　인적요소와 물적요소 총 8가지 요소를 종합하여 각 광역자치단체의 해양레저 경쟁력을 평가했다. 경쟁력 점수는 부산광역시와 경기도가 3.29점으로 가장 높게 나타났다. 전라북도(2.79점)와 경상남도(2.75점)가 매우 근소한 차이로 그 뒤를 이었고, 전체평균은 2.32점으로 나타났다. 평균에 근접한 경상북도는 2.29점을 기록했고, 충청남도(2.00점)는 겨우 1점대를 면했으나, 전라북도(1.65점)·강원도(1.58점)·제주특별자치도(1.21점) 등은 1점대를 기록하면서 낮게 나왔다.

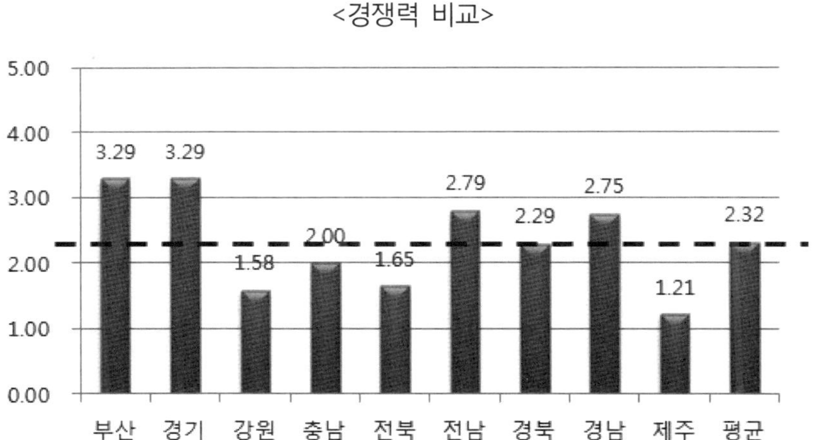

<경쟁력 비교>

4. 광역자치단체별 해양레저 경쟁력

부산광역시

물적요소에서 부산광역시는 경영여건조건과 시장수요조건은 평균을 상회하였지만, 생상요소조건과 관련 및 지원 조건은 평균이하로 나왔다. 이것은 생산요소조건의 요인으로 잡았던 물리적 요인인 면적이 좁다 보니 자연적으로 해안선길이도 짧아지고, 그 안에 존재하는 산업단지의 면적 및 산업단지의 수도 작기 때문에 나온 결과다.

인적요소의 경우 모든 조건에서 평균을 상회하는 것으로 나타나고 있다. 특히 기업가와 전문가 부분이 평균과 차이가 크게 나타나고 있다. 정치가 및 행정관료 부분이 다른 요소들에 비해 상대적으로 경쟁력이 강하지 못한 것으로 나타나고 있다.

부산광역시의 경우 가장 먼저 해양레저시장이 열렸으며 해양수도로서 입지환경이나 다른 여건들이 모두 우수하다. 시에서도 이와 같은 역사와 전통을 기반으로 주도적으로 해양레저산업을 육성하고 있다.

이와 같은 현실에서 부산광역시가 취할 수 있는 가장 효율적인 경쟁전략은 경쟁력단계를 선진형으로 발전시키는 것이다. 수영만요트경기장의 재개발과 함께 해운대와 영도를 비롯한 다양한 곳에서 마리나를 계획대로 조성한다면 물리적인 계류장수를 확보하게 되고, 계류장 선석 숫자의 확보는 대기수요 흡수로 이어져 다른 광역자치단체들 보다 빠르게 수익을 창출할 수 있게 된다.

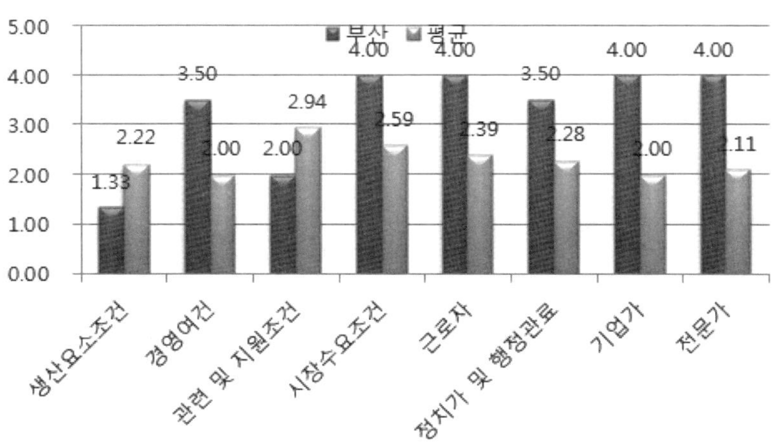

부산광역시는 선진국형 모델의 필요조건인 해양레저 시장수요조건이 이미 성숙해 있고, 인적요소인 기업가와 전문가도 충분히 확보하고 있다. 다만 관련 및 지원조건이 평균에 미치지 못하는데 관련 및 지원조건 부분만 해결한다면 선진국형 해양레저 시장에 가장 먼저 진입하여 안정적으로 이끌어 나갈 수 있게 된다.

경기도

물적요소에서 경기도는 4개 조건 모두 평균을 상회하는 것으로 나타나고 있다. 가장 경쟁력을 가지고 있는 부분은 관련 및 지원 조건과 경영여건이다. 이것은 해양레저산업과 타 산업과의 연계가 쉽고, 그 여건이 조성되어 있다는 뜻이다. 그 다음으로 경쟁력을 확보하고 있는 경영여건의 경우, 현재 많은 여가용 선박이 있고 이 여가용 선박을 계류시킬 수 있는 계류시설도 모두 갖추었다.

인적요소에서는 정치가 및 행정관료가 가장 경쟁력 있고, 기업가도 어느 정도 경쟁력을 확보하고 있다. 그러나 전문가의 경쟁력은 전체 평균에도 미치지 못하는 결과를 보여주고 있다. 경기도의 인적요소부분은 중진국형에서 선진국형으로 발전하는 과정 중에 있는 전형적인 모형에 해당한다.

경기도가 보다 빨리 그리고 안정적으로 선진국형 모델에 진입하기 위해서는 전문가를 자체 양성하는 시스템과 현재 경기도 화성시 전곡항 인근에 개발 중인 해양레저 산업단지를 전략적으로 육성하여 전문가들이 경기도에서 활동할 수 있는 여건을 조성하여야 할 것이다. 이렇게 해양레저 산업단지를 육성하면 자연스럽게 관련 기업이 입주할 것이기 때문에 기업가와 전문가가 동시에 늘어나는 효과를 볼 수 있다. 시장수요조건 역시 개발 중인 제부도마리나 등이 완공되면 자연스럽게 상승하게 되고 따라서 선진국 모형에 진입 할 수 있게 될 것이다.

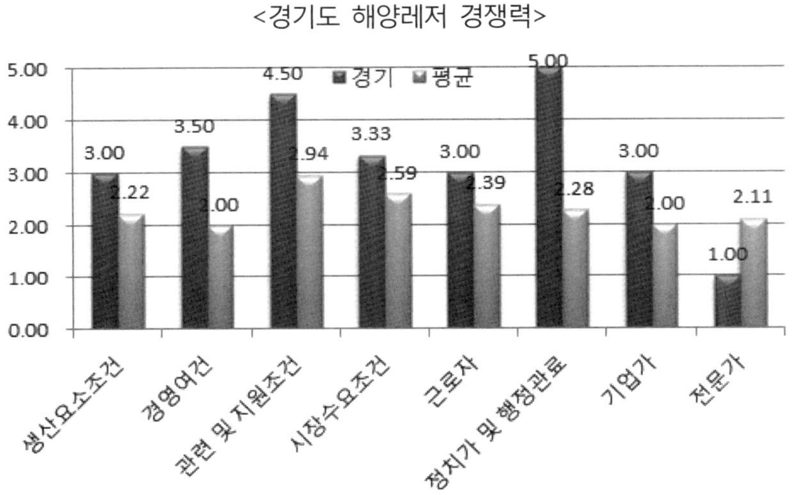

다만 지금까지 해양레저 산업을 이끌어 온 김문수 도지사의 향후 행보와 차기 도지사의 의지에 따라 영향을 받을 수 있다는 것이 경기도 해양레저산업 미래에 가장 큰 요인으로 작동 할 것으로 보인다.

강원도

물적요소는 모든 부분에서 평균에 미치지 못하고 있다. 물론 토지면적은 여타 광역자치단체들과 별반 차이를 보이지 않지만 토지면적대비 해안선의 길이는 지형의 특성으로 인해 무척 짧다는 것이 일정 브분 영향을 미치고 있다. 이러한 요소를 감안하면 그중 평균에 가장 근접해 있는 것이 생산요소조건이다. 즉, 기본적인 물리적 환경은 갖추고 있는 셈이다. 이는 강원도가 아직 아무런 해양레저 관련 정책을 실행을 시키지 않고 있다는 것을 간접적으로 보여주는 것이다.

평균과 가장 큰 차이를 보이는 부분은 관련 및 지원 조건으로 이것은 해양레저산업을 타 산업과 연관시켜서 발전시키는 부분으로 강원도의 특성상 제조업이 발달되어 있지 않다는 것을 보여 주고 있다.

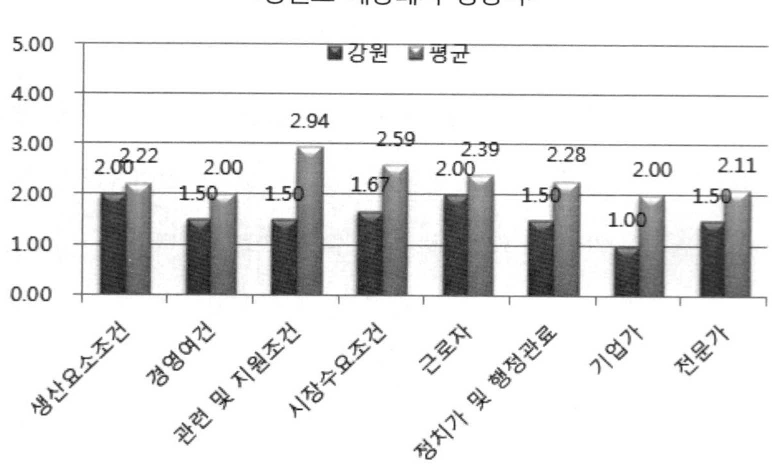

인적요소의 경우도 물적요소와 마찬가지로 모든 부분에서 평균에 미치지 못하고 있다. 가장 평균에 근접한 것은 근로자로서 발전단계모형에서

나타나는 것과 같이 후진국형을 띄고 있다. 광역자치단체장 이하 담당 행정관료들이 해양레저산업의 기초를 다져야 한다는 뜻이다.

강원도의 경우 발전모형 중에서 후진국형을 보여주고 있기는 하지만 지역적 특성으로 생산요소조건과 근로자요소를 발전시키기 위한 투자는 적합하지 않다. 또한 적은 인구와 지형적 특성을 감안하면 직접적인 생산부터 시작하여 차근차근 발전시키는 방법도 바람직하지 않다. 차라리 개발도상국형 모형으로 빨리 진입시키는 방법을 구사하는 것이 바람직할 것으로 보인다.

물론 파도와 바람을 가려주는 섬도 거의 없다시피 하고 해안선 모양도 요트 계류에 적합하지 않은 측면이 있어서 해양레저를 즐기기에는 상대적으로 불편한 것이 사실이다. 한편 럭셔리 요트를 다량 보유하고 있으면서도 겨울이면 따뜻한 남쪽 나라에 있는 마리나로 요트를 옮겨놓아야만 하는 러시아와 지리적으로 가깝다는 이점도 있다. 또한 서해와 달리 조수간만의 차이가 적고 요트가 자유롭게 지나다닐 수 있는 충분한 수심을 가지고 있다는 장점도 있다. 경기도나 경상남도와 같이 해당 광역자치단체장의 강력한 의지를 기초로 하여 여름철에 집중되는 피서객을 바탕으로 한 해양관광을 중심으로 발전시킨다면 해양레저 경쟁력을 충분히 확보할 수 있을 것으로 보인다.

충청남도

물적요소에서는 관련 및 지원 조건만이 전국 평균을 상회하고 있다. 산업단지를 확보하고 있기 때문이다. 이것은 해양레저 관련산업을 발전시킬 수 있는 조건이 다른 지자체에 비해 잘 갖추어져 있다는 것을 의미한다. 이것은 광역자치단체장과 담당 행정관료들이 조금만 노력을 경주하면 발전시킬 수 있는 기본적인 환경은 갖추고 있다는 것을 뜻한다. 광역자치단체장과 행정관료들이 해양레저 관련산업 육성을 목표로 기업을 유치하고 학교와 관련교육기관을 통해 근로자를 양성하여 산업에 배치한다면 중진국단계로 진입할 수 있을 것이다.

장기적인 관점에서 보면, 전체 인구의 반 이상과 가처분소득의 80%이상이 집중되어 있는 수도권지역이 포화상태에 도달하여 자연스럽게 넘쳐 흘렀을 때 가장 먼저 다다르게 되는 곳이 충남이다. 현재도 경기도와 인천은 지리적으로 수도권과 가까우나 남북이 대치되어 있는 상태에서 안전하면서도 자유롭게 해양레저를 즐기기에는 한계를 지니고 있다. 연평해전과 같은 사건이나 불가항력적인 조난으로 북방한계선을 넘게 되는 상황을 감안해야 하기 때문에 항상 주의를 기울여야만 하는 부담을 가지고 있다. 그러나 서해안고속도로 확장 및 제2 서해안고속도로 건설로 접근성이 향상된다면 최적의 해양레저 환경을 갖출 수 있게 된다.

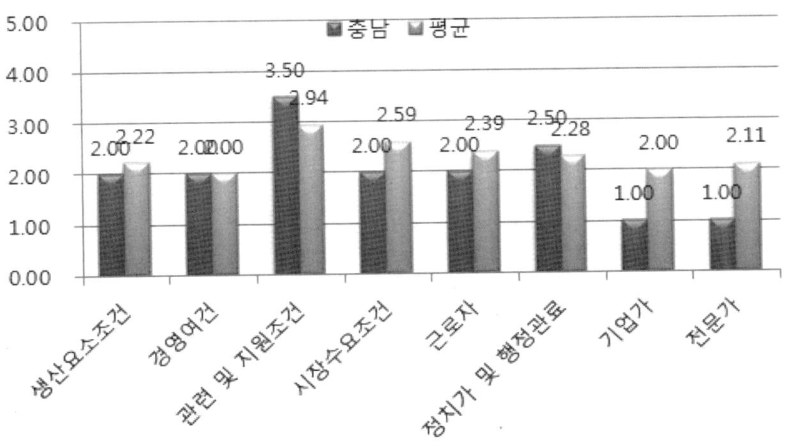

<충청남도 해양레저 경쟁력>

경쟁력 점수 중에서 전문가와 기업가는 1점으로 거의 전무하다 시피 하고 있다. 발전단계 모형으로 보자면 전형적인 후진국의 산업형태를 보인다. 그러나 달리 보면, 부족한 기본적인 부분만 채우면 빠르게 개발도상국을 벗어나서 중진국으로 진입할 수 있는 모형이다.

전라북도

전라북도의 경우 물적요소 중에서 관련 및 지원조건과 시장수요조건이 평균을 상회하고 있다. 즉, 예비수요가 이미 존재하고 있기 때문에 제품 및 서비스가 원활하게 공급되기만 하면 해양레저 경쟁력은 일정부분 향상된다. 전국에서 가장 많은 수상레저동력기구 면허가 발급되고 있다는 사실은 이를 뒷받침하는 경험적 증거다. 해양레저산업구조의 형태는 후진국형이지만 물적요건의 경우 개발도상국 단계로만 끌어올리면 중진국 및 선진국 과정은 다른 지자체에 비해서 상대적으로 빠르고 수월하게 발전할 수 있을 것으로 보인다.

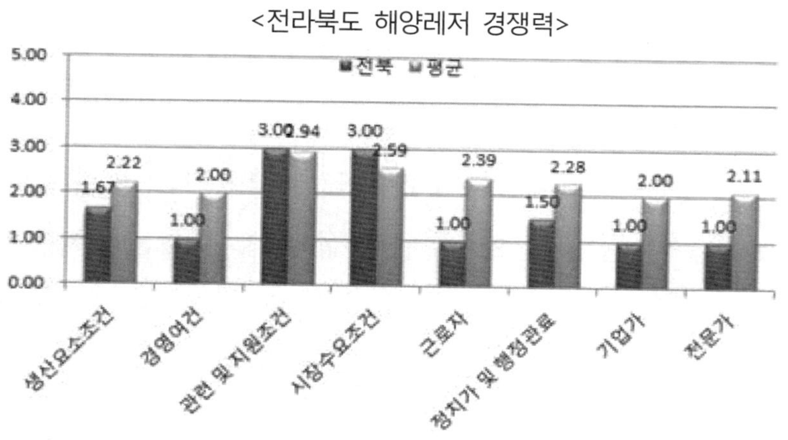

하지만 인적요소는 모든 부분에서 평균 이하를 보이고 있다. 인적요소는 물적요소에 비해 상대적으로 단기간에 집중적으로 육성할 수 있지만 물적요소만으로는 발전할 수 없다. 인적요소 부분에서는 전방위적인 육성이 필요하나 단계적으로 발전에 적합한 인적자원을 육성하여야 한다. 현재 후진국 단계에 머물러 있으므로 근로자를 육성하고 전문행정관료와

정치가가 발전정책을 잘 세워야 할 것이다.

전라남도

　물적요소 중에서 생산요소조건과 관련 및 지원 조건부분은 평균을 상회하고 있다. 후진국 단계를 지나 개발도상국 단계에서 중진국 단계로 넘어갈 수 있는 준비를 갖추고 있다는 뜻이다. 그러나 동시에 아직 기본적인 해양레저 인프라가 부족하다는 뜻도 된다. 여하튼 기본적인 해양레저 인프라만 갖춘다면 중진국 단계를 거쳐 곧 바로 선진국 형으로 진입할 수 있는 기반을 이미 확보하고 있다. 기본적인 해양레저 인프라를 구축하면 잠재수요를 실현시킬 수 있기 때문이다.

　전라남도의 인적요소의 경우 정치가 및 행정관료 부분을 제외한 근로자·전문가·기업가 등에서 전국 평균을 상회하고 있다. 이것은 정치가 및 행정관료들이 체계적인 계획을 기반으로 행정부분에서의 서비스를 제공하기만 하면 개발도상국 모형에서 선진국 모형으로 까지 진입하는데 큰 어려움이 없다는 것을 말한다. 관련산업이 발전할 수 있도록 행정관료의 숫자를 늘려 다양하고 쉽게 해양레저를 접할 수 있도록 한다면 해양레저산업은 더욱 빠르고 안정적으로 발전할 것이다.

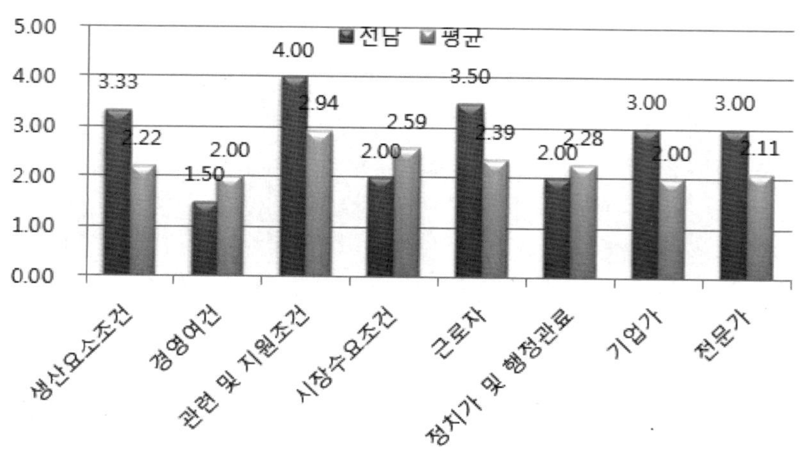

경상북도

경상북도의 경우 시장수요조건과 경영여건을 제외한 나머지 물적요소가 평균을 상회하고 있다. 이러한 물적요소의 양상은 기본적인 해양레저 인프라만 갖춘다면 전라남도보다 더 빠른 속도로 선진국 단계에까지 도달할 수 있는 형태다. 시장수요까지 갖추고 있는 상황에서 인프라 구축은 안정적으로 수익을 창출할 것이기 때문이다.

다만 단순히 양적 성장 위주로 투자가 이루어진다면 숫자만 늘어날 뿐 불필요한 투자가 될 가능성이 있다는 점은 유의할 필요가 있겠다. 이렇게 되면 기존의 시설처럼 이용자가 없는 상태로 방치될 가능성이 높아진다. 잠재수요가 있는 상황에서는 숫자뿐만 아니라 입지가 무엇보다 중요하다. 이용자의 접근성과 다른 관련시설과 연계성을 제고하여 이용자가 손쉽고 빠르게 접근하여 이용할 수 있는 시설을 구축하는 것이 관건이다.

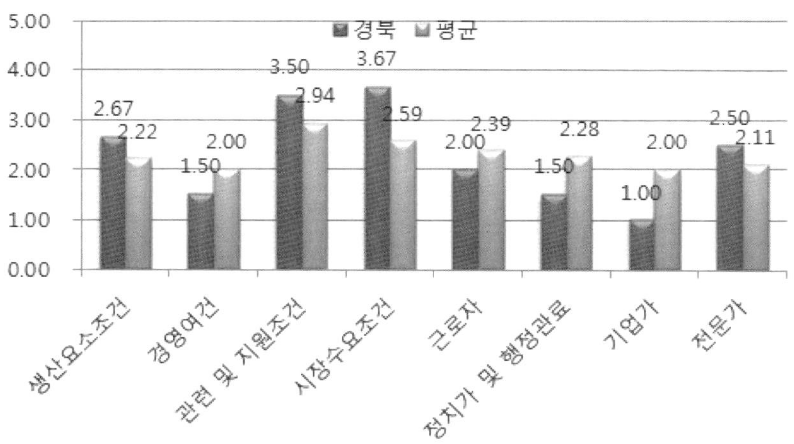

<경상북도 해양레저 경쟁력>

인적요소의 경우, 전문가만 평균보다 높게 나타날 뿐 나머지 근로자·정치가 및 행정관료·기업가 등은 평균 이하로 나왔다. 이것은 인적요소 부분에 해양레저인프라 시설을 갖추는 동안 근로자를 육성하고 정치가와 행정관료들은 해양레저산업 육성정책을 개발하여 집행한다면 기업가들도 경상북도에 자리 잡게 되면서 발전해 나갈 수 있을 것이다. 현재의 후진

국 단계에서는 경쟁력 향상에 큰 영향을 미치지 못하기는 하지만 관련부분의 전문가는 기본적으로 확보되어 있다. 정책적으로 이 전문가를 통해서 관련 근로자를 양성하여 배출하도록 한다면 기업들이 경상북도에 자리 잡는 것에 도움이 될 것이다.

경상남도

물적요소의 경우 생산요소조건·경영여건·관련 및 지원조건 등이 평균을 상회하고, 오직 시장수요조건만 평균에 못 미치고 있다. 아직 시장수요조건에서는 선진국 단계에 이르지 도달하지 못하고 있다.

선진국 단계에 이르기 위해서는 보다 많은 사람들이 해양레저를 접하도록 유도하고 다양한 프로그램을 제공하여 관심을 가지고 편하게 해양레저를 즐길 수 있는 환경을 만드는 데에 집중하여야 할 것이다. 또한 기존의 해양레저인프라를 기반으로 시장을 확대하고, 꾸준하게 확대되는 수요자에 맞추어 인프라에 대한 계획을 가지고 대비하여야 할 것이다.

경상남도의 인적요소의 경우 정치가 및 행정관료 부분을 제외하고는 모두 평균을 상회한다. 관련 행정관료의 숫자를 늘려서 해양레저산업에 종사하는 이들에게 더 다양한 행정서비스를 제공하고, 사람들이 좀 더 쉽게 행정관료를 만날 수 있도록 한다면 보다 빨리 선진국 단계에 진입할 수 있을 것이다.

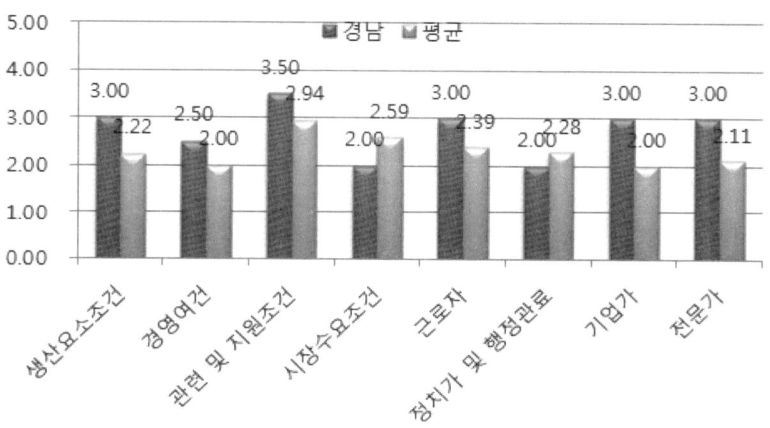

제주특별자치도

제주특별자치도의 경우 물적요소는 모든 부분에서 평균 이하로 나타나고 있다. 따라서 다른 지자체와의 경쟁에서 모두 이길 수도 없고 이기려 해서도 안 된다. 우선 제주특별자치도의 특성을 파악해야 할 것이다. 제주특별자치도가 직접 해양레저 제품이나 관련 제품을 생산하는 것은 현실적으로 불가능에 가깝다. 차라리 관련 서비스산업을 육성하는 것이 현실적이다. 해양관광을 기반으로 한 서비스산업 육성이 바람직 할 것이다.

수요 역시 제주특별자치도에서 상주하는 도민보다는 외부에서 유입되는 관광객들과 단기 체류자를 타깃으로 해야 할 것이다. 이들이 필요로 하는 서비스를 제공하기 위한 제품에 대한 수요가 대부분을 차지할 것이다. 관광객들을 위한 해양레저 인프라를 구축하고 이와 관련된 지원산업을 육성하며, 관광객들이 보다 자주 그리고 오랫동안 머물 수 있는 유인책을 활용해야 할 것이다. 방문객용 계류시설의 확충과 관광객들이 보다 쉽고 빠르게 해양레저를 즐길 수 있도록 인프라를 구축해야 한다.

인적요소의 경우에도 물적요소와 마찬가지로 모든 부분에서 평균 이하로 나타나고 있다. 근로자의 경우 생산보다는 관광 및 서비스 인력을 전략적으로 양성하는 것이 더 좋을 듯하다. 정치가와 행정관료는 해양레저산업에 전방위적으로 대응 육성하는 것이 아니라 전략적인 방법으로 해양관광분야로 특성화하여 행정서비스를 제공하는 것이 바람직하겠다. 제조업 기반이 취약한 제주특별자치도로서는 후진국 및 중진국 단계에서 발전하게 되는 생산요소조건을 갖춘 후에 선진국 단계로 이행하는 것 보다는 선진국 단계로 곧 바로 이행하는 것이 현실적인 발전전략이라는 뜻이다.

다행스럽게도 선진국 단계에서 절실하게 요청되는 전문가를 일정 정도 확보하고 있을 뿐만 아니라 산업구조 역시 선진국 단계에서 발전하게 되는 서비스업이 주를 이루고 있다. 이를 기반으로 해양관광분야를 좀 더 다양하게 그리고 심도 있게 육성하여 해양레저 경쟁력을 확보하도록 하여야 할 것이다.

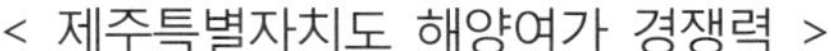

< 제주특별자치도 해양여가 경쟁력 >

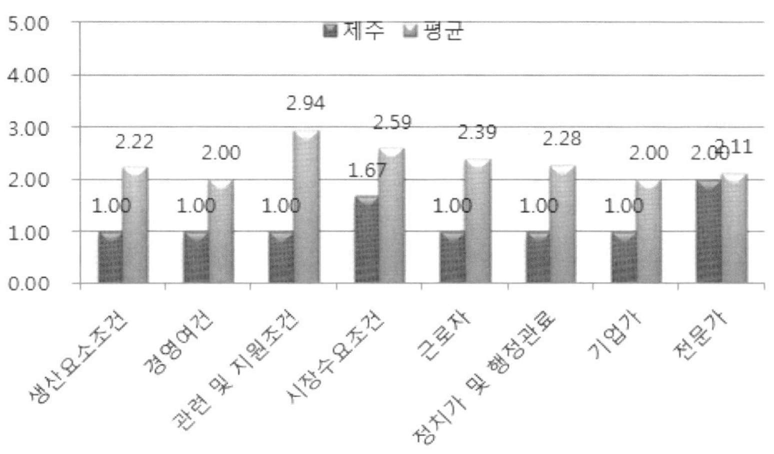

5. 광역자치단체 해양레저 경쟁력 비교

전국의 광역자치단체들이 각각의 해양레저에 대한 정책들을 내세우며 해양레저에 대한투자를 하고 있다. 이에 9팩터 모델을 이용하여 광역자치 단체들의 경쟁력을 측정·비교·평가해 보았다. 해양레저 경쟁력 전국 평 균은 2.32점이고, 부산광역시와 경기도 두 곳이 3.29점으로 가장 높게 나타났으며, 제주특별자치도가 1.21점으로 가장 낮게 나타났다.

광역자치단체별로 살펴보면, 부산광역시와 경기도가 전체적인 해양레저 경쟁력은 같은 것으로 평가되었지만, 물적요소에서는 경기도가 우세하고 인적요소에서는 부산광역시가 우세하다. 경기도는 인적요소에 더 많은 투자가 필요하고, 부산광역시는 물적요소에 더 많이 투자할 필요가 있다는 것을 의미한다.

부산광역시의 경우 인적요소가 모두 균형 있게 발전되어 있고 물적요소 중 생산요소조건과 관련 및 지원조건은 부족한 대신 시장수요조건은 아주 세련되어 있고 경영여건은 경기도와 같다. 부산광역시는 직접적인 요트 생산을 할 수 있는 여건이 잘 갖춰져 있어서 요트제조에서도 최고의 경쟁력을 확보할 수 있다. 그러나 시장수요조건은 그 보다 훨씬 더 좋기 때문에 해양레저 경쟁력을 향상시키기는 데에는 요트제조보다 해양레저 서비스를 위주로 한 선진국 모형으로 가는 것이 더 효율적이다.

경기도의 경우 물적요소는 모든 부분에서 잘 발달된데 비해 인적요소 중 전문가 부분에서 확연히 부족하다. 선직국 모형으로 발전하기 위해서는 서둘러서 외부로부터 전문가를 영입하여 경쟁력을 확보하여야 하고, 장기적으로는 전문가를 양성할 수 있는 체계를 갖추고 양성한 전문가들이 경기도에 정착할 수 있는 환경을 만들어야 할 것이다.

경상남도의 경우 물적요소부분은 중진국 단계에 접어들었으나 인적요소부분에서 정치가 및 행정관료는 부족하다. 이 문제를 해결하기 위해서는 해양레저에 대한 강한 정책의지를 가진 지도자를 기반으로 해양레저를 발전시키면서 해양레저시장을 키워나가는 것이 경쟁력을 확보하는 방법이 될 것이다.

모든 부분이 평균을 하회하는 제주특별자치도의 경우 모든 부분에 투자하여 경쟁력을 확보하고자 하는 전략은 바람직하지 않다. 타 광역자치단체와는 다른 지리적 그리고 환경적 특성을 잘 살려서 현재 보유하고 있는 전문가를 활용하여 자체 생산이 아닌 외부로부터 유입되는 서비스시장, 특히 관광시장을 중심으로 발전시켜 경쟁력을 확보하는 것이 바람직 할 것이다.

9개 광역자치단체의 경쟁력을 9팩터 모델로 분석해 본 결과 물적요소의 전국 평균이 2.41점이고 인적요소의 전국평균이 2.19점으로 나타나서 물적요소의 평균 점수가 인적요소보다 더 높다. 이것은 한국의 해양레저산업이 제조업위주의 개발도상국형이라는 것을 말한다. 다른 한편으로, 균형 있는 경쟁력 확보를 위해서는 이에 부족한 인적요소에 대한 정책을 개발하여 물적요소에 균형을 맞춰주고, 중진국 단계를 거쳐 선진국 단계로 이행될 수 있는 정책을 개발하여, 효율적인 예산집행을 통해 빠른 시간에 경쟁력을 확보하여 성장할 수 있도록 하여야 할 것이다. 국가경쟁력을 확보하고 후진국에서 선진국으로 넘어가지 위해서는 물적요소 또는 인적요소 어느 한 부분만의 발전만으로 부족하다. 인적요소가 물적요소에 비해 한국 해양레저산업에서 부족한 것을 보여주는 것으로 경쟁력을 확보하기 위해서는 인적요소 부분에 더 투자해야 한다. 경쟁력을 결정짓는 데는 물적요소보다는 실질적으로는 '사람'. 그 중에서도 '근로자'·'정치인 및 행정관료'·'능력 있는 기업가'·'전문경영인'·'전문기술자'·'전문디자이너' 등과 같은 인적요소가 더 큰 영향을 미칠 수 있다.

본 연구는 물리적인 개발일변도인 해양레저산업 시장을 9팩터 모델을 사용하여 전국에 운영 중인 마리나가 속해 있는 광역자치단체별로 그 경쟁력을 정량화하여 비교하였다는 데에서 큰 의의를 갖는다. 또한 각 광역자치단체의 해양레저산업에 대한 장·단점을 파악하여 향후 발전방향을 제시하고 획일적인 개발을 지양하며 각 지역별 특성에 맞도록 발전시켜 나갈 수 있는 지표를 제시하였다는 데 있어서 기존 연구와 차별성을 갖는다.

정책적 차원에서 해양레저산업 부분에 대한 한정적 예산을 집행함에 있어서 선택과 집중 그리고 체계적이고 효율적인 예산편성과 집행의 가이드를 제시하였다. 다양한 요인들을 선정하여 특성이 더욱 정확하게 도출되도록 하여야 할 것이지만 아직 한국의 해양레저산업이 초기단계라 공식적인 관련 통계가 매우 부족한 실정이어서 그렇게 하지는 못했다. 광역자치단체마다 관련 부서나 조직이 상이할 뿐만 아니라 과거 해양수산부에서 하던 것이 해양수산부가 없어지면서, 국토해양부·농림수산부·지식경제부·문화관광부 등으로 분리되면서 통계나 자료가 분산되어 있어 자료 확보가 어려운 현실이다. 좀 더 다양한 자료를 요인들을 측정하여 분석하길 원하였지만 정성적인 자료를 정량화 하는 데에 또 다른 한계에 직면하였다.

국가경쟁력 모델의 경우 측정과 분석 그리고 시뮬레이션과 실행이 단계적으로 진행되는 구조로 되어 있다. 하지만 이 연구에서는 측정과 분석 단계까지만 진행되었다. 따라서 다음 연구는 좀 더 많은 정량화가 가능한 자료를 수집하여 요인으로 넣고 시뮬레이션하고 직접 실행하는 단계까지 이루어지도록 해야 하겠다.

나. 해양레저도시 발전전략

1. 해양레저 인프라 구축 - 국토해양부

2009년 6월 국토해양부[15]는 요트나 레저보트와 같은 마리나선박의 계류시설과 호텔·리조트 등을 결합하는 종합 해양레저시설의 개발 및 이

---

15) 2013년 3월 28일 새정부 출범에 따른 정부조직 개편으로 해양수산부를 신설하고, 해양관련 업무를 기존의 국토해양부에서 해양수산부로 이관하였다.

와 관련된 산업을 육성·지원할 수 있도록 '마리나 항만 조성 및 관리 등에 관한 법률'(이하 "마리나법")을 제정하여 2009년 12월부터 본격 시행하였다. 21세기 해양시대를 주도하고 국가균형발전 및 신경제성장동력 확보를 위해 국토해양부에서 추진하고 있는 주요 해양정책 중 해양레저스포츠 활성화와 관련 산업육성 기반을 마련하기 위한 인프라 개발방향을 제시한 국가계획이 확정된 것이다.

<마리나 항만 조성 및 관리 등에 관한 법률 주요내용>

▶ 마리나 선박과 마리나 항만 시설의 종류

- 마리나선박의 종류에는 요트, 모터보트, 윈드서핑용 선박 등 유람·스포츠 또는 여가용으로 사용되는 선박으로 정하고, 마리나항만시설은 마리나선박의 계류 등을 위한 기반시설과 이를 이용하는 자에게 편의를 제공하기 위한 숙박·위락·상업용 등 다양한 서비스편의시설을 구체적으로 정하였다.

    * 기본시설(방파제·항로·안벽·도로 등), 기능시설(주정장·클럽하우스·연수시설 등), 서비스편의시설(숙박·위락시설·수족관·공원시설 등)

▶ 사업계획의 공모, 제안 및 처리절차

- 사업계획의 수립 시 민간의 창의와 효율을 제고하기 위하여 사업계획의 공모 및 사업제안(제3자 제안공고 포함), 평가방법 및 협상, 사업계획의 승인 등의 처리절차를 규정했다.

▶ 기반시설 등 비용지원 대상

- 마리나 항만 개발사업의 원활한 추진과 민간투자의 촉진을 위해 방파제, 도로 등 기반시설에 드는 비용을 정부에서 지원할 수 있도록 했다.

▶ 기타 개발사업 시행 및 관리·운영

- 개발사업의 구체적인 시행을 위한 실시계획 승인절차, 공사 완료시 준공확인 방법, 마리나 항만의 기능 보전을 위해 시설훼손 등의 행위를 제한하는 등 마리나 항만의 관리·운영에 필요한 사항을 두었다.

이 법령에는 마리나 항만 시설의 종류, 사업계획의 공모·제안 절차, 기반시설 등 비용지원 대상, 마리나 시설 관리·운영 등 마리나법에서 위임된 사항과 시행에 필요한 사항을 규정하고 있다.

<마리나 항만 중·장기 정책방향 및 추진전략>

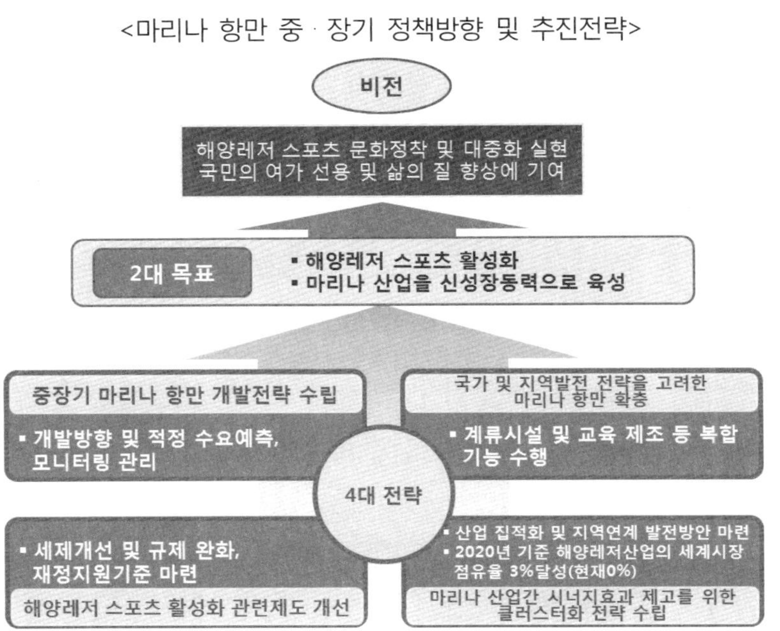

이 법령의 시행으로 요트와 같은 해양레저선박을 수용할 수 있는 마리나 시설 확충 등 마리나 항만 개발·이용 및 관련 산업의 육성에 관한 제도적 기반을 마련함으로써 해양레저스포츠의 보급과 진흥을 촉진하여 국민의 삶의 질 향상에 기여할 것으로 국토해양부는 기대하고 있다.

<국내 마리나 현황>

구 분	마리나명	개발근거	개발구역	개발년도	개발규모(척)		
					계	해상	육상
기개발 (11개소)	보 령	공유수면 매립법	기타연안	2001	-	-	-
	목 포	항만법	무역항	2009	57	32	25
	소 호	공유수면 매립법	기타연안	1987	100	-	100
	삼천포	어촌어항법	기타연안	2006	42	22	20
	충 무	항만법	무역항	1994	60	45	15
	사 곡	공유수면 매립법	기타연안	1998	-	-	-
	수영만	공유수면 매립법	기타연안	1986	448	293	155
	수 산	어촌어항법	국가어항	2009	60	60	-
	김 녕	어촌어항법	국가어항	2007	10	10	-
	도 두	어촌어항법	국가어항	2009	4	4	-
	중 문	공유수면 매립법	기타연안	2005	134	50	84
개발중 (5개소)	전 곡	어촌어항법	지방어항	-	233 (113)	180 (60)	53 (53)
	함 평	어촌어항법	기타연안	-	20	20	-
	양 포	어촌어항법	국가어항	-	36	36	-
	강 릉	어촌어항법	국가어항	-	20	20	-
	이 호	공유수면 매립법	기타연안	-	80	60	20
계 (16개소)	규모:1,304척 (현재수용가능척수:1,028척)				1,304	832	472

* ( )안은 현재 부분적으로 운영 중인 규모이고, 개발 중인 마리나 항만의 규모는 현재 사업시행자가 단계적으로 개발 추진 중인 규모로서 제1차 마리나 항만 기본계획 예정구역의 수용척수와 상이함

마리나 항만 중·장기 정책의 기본목표는 해양공간 정비를 통한 국민 여가선용 및 삶의 질 향상, 해양레저 인프라시설 확충을 통한 해양레저스포츠 대중화, 신성장동력으로서 마리나산업을 육성하는 것이다.

이러한 목표를 달성하기 위한 전략으로 중·장기 마리나 항만 개발전략 수립, 국가 및 지역발전 전략을 고려한 마리나 항만 확충, 지역균형발전을 감안한 마리나 항만 개발, 해양레저스포츠 활성화를 위한 관련제도 및 규제 개선, 마리나 산업간 연계 및 시너지 효과 제고를 위한 클러스터화 전략수립 등을 추진하고 있다.

마리나법 제정 이후 2010년 1월, 국토해양부는 그에 따르는 '제1차(2010~2019) 마리나항만 기본계획'(국토해양부고시 제2010-41호)을 발표하였다. '제1차 마리나항만 기본계획'에 의하면 현재 우리나라에는 11개의 마리나가 운영 중이며, 5개소가 개발 중이고 그 개발규모는 총 1,304척이다. 현재 11개소의 마리나 중에서 공공 정박지가 7개, 민간 마리나가 4개소다. 그러나 그 수용 능력은 100척 이상인 곳이 3곳에 불과하며, 해상계류시설이 없는 곳도 2곳이나 된다. 계류 및 보관 장소도 육상이 452척을 차지하고 있어서 해상 576척과 크게 차이나지 않는다. 또한 60척 이하의 소규모 마리나가 7곳이나 되어서 대부분 소규모 마리나라고 봐야 할 것이다.

지역별로는 부산 및 경남지역에 4개소·제주 3개소·전남 2개소·충남 1개소·강원 1개소 분포되어 있다. 이는 강원도 수산과 충남 보령을 제외하면 모두가 비교적 저위도의 따뜻한 곳에 위치하고 있다.

<한국의 마리나>

왼쪽 위에서 아래로 목포마리나·서울마리나·퍼시픽랜드·수영만요트경기장: 오른쪽 위에서 아래로 수산항마리나·전곡마리나·통영마리나·아라마리나

<전국 마리나 항만 위치도>

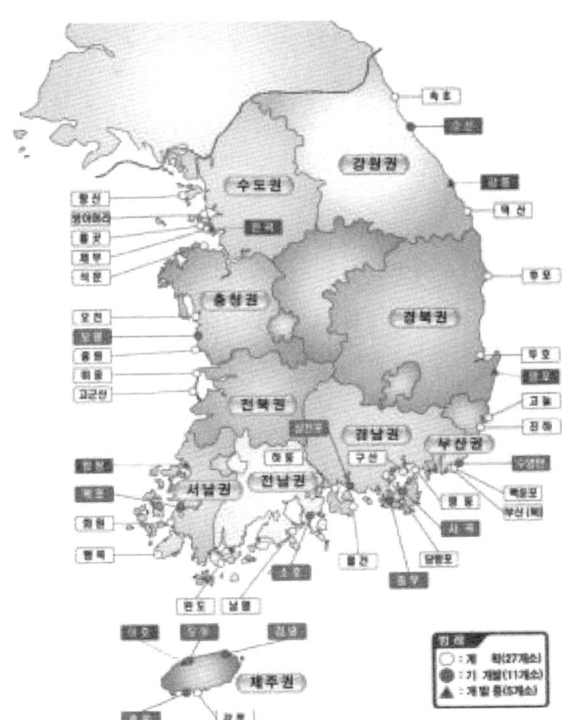

마리나 항만 개발목표 및 개발방향

마리나 항만은 해양레저 기반시설 확충, 해양레저 인구의 저변확대를 통한 해양레저 스포츠의 대중화와 해양레저 장비의 보급의 장을 그 개발목표로 하고 있다. 지역균형발전, 마리나 활성화를 선도할 시범마리나 조기 개발 및 지역 특성을 고려한 차별화, 지원 법령을 통한 민간참여를 유도하고, 이용자편의 및 친환경 개발을 고려하여, 해양레저 장비의 전시 및 홍보를 위한 서비스/편의시설을 고려한 개발이 그 방향성이다.

<마리나 항만 개발유형>

구 분	내 용	개발규모
거점형	■ 대도심권 인근으로 중간 규모 이상의 도시근교 거점 기지형 마리나 ■ 외곽시설 등 항만시설과 육상시설 신규개발 필요	300척
레포츠형	■ 중소 규모의 수요에 대응하는 연안 중간기항지 및 간이형 마리나 ■ 외곽시설 등 기개발 항만시설 이용 가능	100척
리조트형	■ 중·대형 복합 레저공간을 갖춘 마리나 ■ 외곽시설 등 항만시설과 대규모 육상시설 신규개발 필요	200척

출처 : 제1차 마리나항만 기본계획

마리나 개발유형은 거점형·레포츠형·리조트형 등 세 가지로 구분하였는데, 이는 해외 선진사례를 면밀히 검토하고 한국적 특수성을 고려하여 적합한 모델로 분류한 것이다. 계류시설의 경우 육상과 해상의 비율은 5:5로, 레포츠형의 경우 개발규모가 100척이면 육상계류장이 50척 규모이고, 해상계류시설도 50척 규모로 조성된다는 것을 의미한다.

국토해양부는 앞으로 해양레저스포츠 대중화와 관련 고부가가치 산업 육성 토대를 마련하기 위해서 인프라 확충뿐만 아니라 요트학교 설립 지원·마리나 항만 간 네트워크 구축·해양레저용 선박 등록 및 검사제도의 지속적인 개선 등 해양레저스포츠 문화정착 및 활성화 지원 정책을 지속 추진할 계획이라고 밝히고 있다.

2013년 3월 23일 국토해양부의 해양 업무와 농림수산식품부의 수산 업무를 이관 받아 새롭게 신설된 해양수산부는 마리나 수요 창출과 이용기반 조성을 통해 마리나 관련 신규 일자리를 늘릴 계획임을 새롭게 밝혔다. 특히 거점형 국제 마리나 6개소를 조성하기 위해 2013년 6월 기본조사설계를 발주하고, 이를 위해 해양수산부·산업통상자원부·문화체육관광부·국토교통부 등 '마리나 육성 범정부 협의체'를 구성해 마리나 산업을 전략적으로 육성하기로 2013년 국정과제 실천계획을 발표하였다.

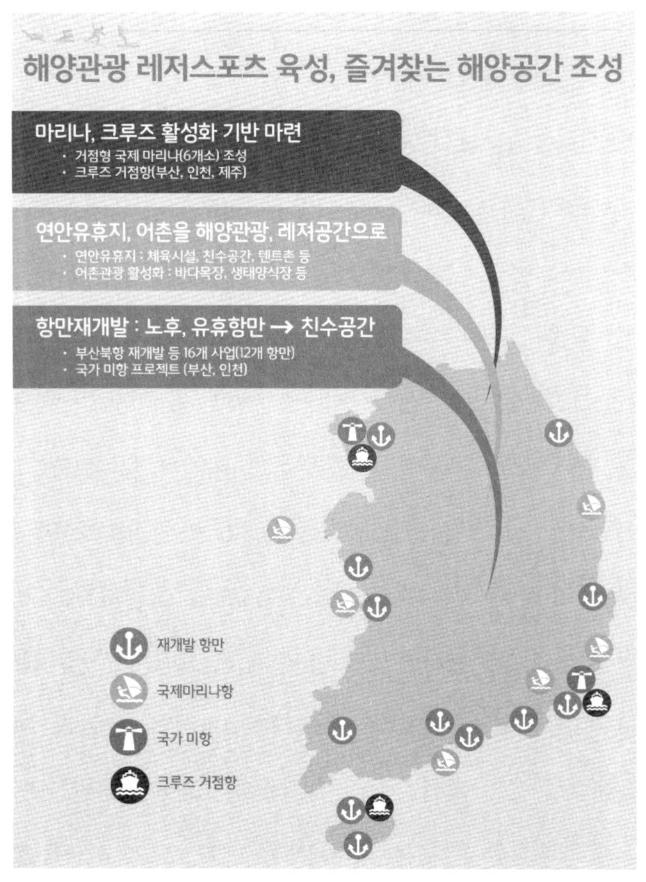

2. 요트국산화 - 지식경제부

　해양레저시장은 소득증대에 따라 성장하는 유망한 신수종 분야로서 전 세계적으로 매년 약 100만척 470억불 상당의 해양레저 수요가 발생하고 있는 급성장시장이다. 우리나라에서도 국내총생산(GDP) 증가, 주5일제 정착에 따른 여가시간 증가, 육상여가공간의 포화, 국제보트쇼 개최 등이 함께 어우러져 인식의 개선과 함께 내수기반이 본격적으로 형성되고 있다. 이미 대형조선시장에서 1위 자리를 놓고 중국과 강한 경쟁을 벌이고 있는 현재, 보트·요트 등의 레저선박 산업은 전후방 산업연관효과가 높은 중·소형조선소의 유망 신수종 분야로 유체성능 해석기술, 선형·선체 구조설계 기술 등을 활용할 수 있는 고부가가치 분야이기도 하다. 레저선박은 장비산업·금융 및 보험 산업·서비스·물류 등 전후방산업으로의 파급효과가 큰 산업으로 2006년 기준 영국의 예에서 살펴보면, 1억 달러(1,057억 원) 생산 시 그 파급효과가 생산 1.82억 달러(1,924억 원), 부가가치 0.68억 달러(719억 원) 및 97명의 고용효과를 유발하고 있다고 한다.

　해양레저 시장규모를 보자면 2006년 현재 EU의 크루즈 및 레저보트의 해양레저 분야의 매출액은 210억 달러(22조 1,970억 원)인데, 이는 국내 상선 및 플랜트 제조의 대형조선분야의 매출인 215억 달러(22조 7,255억 원)와 비슷한 수준으로 2006년 세계시장은 레저보트가 470억 달러(49조

6,790억 원), 대형조선 분야가 537억 달러(56조 7,609억 원)였다. 2008년 미국발 글로벌 경제위기의 여파로 주춤하긴 했으나 여가문화 확산에 따른 해양레저 시장의 저변확대로 시장규모는 지속적인 성장추세를 보이고 있다. 공급적인 측면을 보면 전 세계 약 60%를 차지하고 있는 미국과 슈퍼요트를 주로 생산하는 유럽, 정부의 육성정책을 통한 중소조선소의 해양레저산업 업종전환에 성공하여 세계 3위의 보트생산국이 된 호주 등이 해양레저 산업을 주도하고 있는 상황이다. 수요측면은 미국이 70%정도를 차지하고 있으며, 유럽·호주 등과 아시아 유명휴양지에서도 그 수요는 꾸준히 증가하고 있다.

국내 해양레저 장비산업의 현황은 한국표준산업분류에 따라 오락 및 경기용보트에 해당되지만 전업업체가 소수여서 그 구분이 불분명하여 2007년 현재 50개사 약 700여명으로 추산하고 있다. 또한 레저선박 분야에 특화된 전문 기술인력 및 기자재업체가 부족하여 생산업체 대부분이 해외기술과 기자재에 의존하고 있는 실정이며, 국내수요의 대부분은 미국 및 유럽산 수입제품으로 충당되고 있으며, 조립식 고무보트(Inflatable Boat)의 주문자 상표부착(OEM) 방식 생산·수출만 비교적 활발하게 이루어지고 있다.

이러한 국내외 현황을 기초로 하여 지식경제부[16]는 '2020년 세계 해양

---

[16] 정부조직법 개편에 따라 2013년 3월 23일 미래창조과학부를 신설하고 지식경제부의 응용연구개발 업무를 미래창조과학부로 이관하였다. 또한 산업통상자원부를 신설하고 통상교섭 및 자유무역협정(FTA)에 관한 업무를 도맡아 하게 했다.

레저장비 시장점유율 20% 달성'을 비전으로 '레저선박 완제품/부품 핵심 기술개발', '레저선박 생산기반 구축', '레저선박 내수시장 활성화 및 수출 시장 진출'을 정책목표로, 레저선박 개발을 위한 핵심기술 개발과 자동 차·정보통신 산업 연계 강화, 생산기반 구축을 위한 산업클러스터 구축 과 전문인력 양성, 국내외 시장창출을 위한 국내수요 촉진 및 해외진출 촉진을 추진과제로 삼고 있다.

레저선박 개발

지식경제부는 해양레저장비산업 핵심기술 개발을 위해 신규로 확보한 예산으로 기술개발 청사진 등을 통해 전략품목·핵심기술을 도출하고, 산학 연 공동연구개발 지원을 확대하여 추진시스템·제어장치·부품소재 등 주력분야의 핵심기술 동시개발로 해양레저 핵심기술을 2012년까지 선진 국의 90% 수준으로 육성할 계획을 가지고 있다. 제품국산화 및 개량제품 개발을 위하여 자전거·해양레저장비산업 육성사업으로 2009년에 19억 5,700만 원 지원하였고, 해양레저장비산업 경쟁력강화사업의 일환으로 21 억 5,800만 원을 투입함으로써 해양레저장비 부품소재 핵심기술 및 고유 모델 개발을 지원했다. 또한 자동차·정보통신산업 연계를 강화하기 위하 여 레저선박과 디자인, 부품소재, 메카트로닉스, 인테리어 분야에서 기반

기술이 동일한 자동차산업의 노하우를 활용하고, 레저선박의 항해운전과 관련된 항해통신시스템·위치추적·센서 등 관련기술개발에는 정보통신 산업의 앞선 기술력을 적극 활용할 계획을 가지고 있다.

<국산요트>

왼쪽 사진은 우리나라 최초로 민간이 제조한 요트, 씨와이프(Sea Wife)호. 한국외양요트협회 조만석 부회장이 사비로 제조하여 아리랑레이스에 출전했다. 중간은 광동FRP에서 제조한 샹그릴라(Shangri La)호. 제주 퍼시픽랜드에서 요트투어용으로 사용하고 있다. 오른쪽은 암텍에서 제조한 지마린(G-Marine)호.. 코리아매치컵 국제요트대회 경기정으로 제조한 국산요트다.

완제품·부품 생산 공급기반 구축

전후방 산업의 혁신역량 집약화를 통한 유관기관간의 시너지 효과를 극대화하기 위하여 해양레저장비산업 클러스터를 구축, 해양레저장비 산학연 협력 맞춤형 연구개발 및 애로기술 지원을 통해 기술개발 역량 및 경쟁력 강화를 위하여 경기도 전곡항 인근에 해양복합산업단지를 육성할 계획이며, 경상남도 통영시에는 해양레저산업 클러스트 단지를 구축하고, 전라남도 신안군 압해도에는 요트시티(Yacht City) 구축을 계획하고 있다. 전문인력 부족으로 선체형틀과 설계도면을 외국에 의존하고 있는 현실을 개선하기 위해 해양레저산업 관련 외국 전문가 초빙 기술 습득 프로그램 운영, 국내 우수기업 근로자 해외 전문기관 연구 기회 제공, 기업 1:1 맞춤식 네트워크 지원단 파견·운영 등 레저선박 가치사슬 전분야에 인력양성을 추진하고 있다. 이로써 해양레저장비 산업 조기 성장 및 선진기술 도입이 가능하게 될 전망이다.

국내외 시장창출

해양레저장비의 국내 수용 확충을 위하여 여가활동으로서의 해양레저산업에 대한 대국민 접근성을 제고하여 해양레저장비 국내수요를 확충하고, 요트스쿨, 레저선박 차트제도 활성화 및 해양레저 장비 전시회 등을 통해 대중적 레저스포츠로의 인식 변환을 추진하며, 지자체 등과 연계하여 요트스쿨, 해양레저 관련 자격증 취득과정 확대 등 일반인 참여 프로그램 운영을 확대할 계획이다. 또한 레저선박 이용활성화를 위한 세제 개선, 규제완화 등 전반적인 제도 개선 방안을 검토하고 있으며, 레저선박 취득세 및 각종 부담금의 합리적 기준 마련을 통한 레저선박 구매·이용에 따른 비용부담을 완화하고, 레저선박 항로구역을 지정, 항로구역 내 운항 시간을 탄력적으로 운영하여 입출항신고 간소화 등을 통한 자유로운 레저활동을 촉진하고자 한다. 해양레저장비 해외 진출 촉진을 위해서는 코트라(KOTRA) 등 글로벌 네트워크를 활용한 해외시장조사 및 해양레저장비전시회 참가지원 및 국제보트쇼 개최 등의 마케팅 지원과 해외시장분석을 통해 수요확대가 예상되는 유망기술 집중지원 및 전시회 출품 등을 통한 국내 업체 브랜드 이미지 제고에 적극 지원할 계획이다.

지식경제부는 세계 레저선박 산업 진출을 위해 2009년 10월, 2013년까지 20피트급 파워보트와 국내최초로 60피트급 유리섬유 강화 프라스틱(FRP)[17) 파워보트 시제선 제작을 추진하였다. 개발대상 시제선은 소형선박에 적합한 배출가스저감시스템(SCR)[18)을 적용한 친환경 엔진과 통합운항 정보시스템[19)을 탑재하고 선체중량을 10% 절감하여 기존제품과 차별화하며, 또한 국내 조선 및 IT기술을 접목한 자동화 제작기술 등 대량양산을 위한 기술기반도 함께 마련해나갈 예정이다.

---

17) 60피트급 유리섬유강화플라스틱 파워보트 제작은 최초다. 기존의 60피트급은 강선보트다.
18) scr(selective catalyst reduction)이란 촉매를 활용하여 엔진에서 배출되는 질소산화물(nox)의 배출을 저감시키는 기술을 일컫는다.
19) 통합운항정보시스템이란 해상상태와 선박관련 정보를 실시간으로 모니터링하고, 이를 운항에 적용해 안전한 항해가 가능하도록 하는 기술을 말한다.

3. 해양레저 견인차 - 경기도

경기도는 해양레저산업을 차세대 성장 동력의 한 축으로 만들기 위해 2008년부터 경기국제보트쇼와 코리아매치컵 세계요트대회를 유치하였으며, 상대적으로 낙후된 서해안에 해양레저산업단지를 조성해 산업 활성화 및 투자를 촉진하고 기존의 자동차, 정보통신산업 기반과 해양레저장비산업을 연계해 국제적 경쟁력을 확보할 계획이다.

<해양복합산업단지 개발전략>

또한 산업 발전의 기본인 내수시장 활성화를 위해 메이저급 해양레저 스포츠 대회를 유치해 해양레저산업 분위기를 국가적으로 조성할 예정이

며 이를 위해 시화호 및 인근 대부도 등을 연결한 '서해안 경제· 관광벨트' 구축을 추진하고 있으며, 서해안의 잠재력을 바탕으로 미래의 발전 가능성을 예측해 변화하는 미래의 경제 환경에 대비할 계획을 가지고 있다.

<경기도 마리나 항만 위치도>

경기도 해양레저 산업 육성의 현황을 살펴보면, 2008년에 시작한 경기국제보트쇼는 2012년 5회째를 맞았고, 지식경제부의 해양레저산업 클러스터 구축의 일환으로 전곡항 인근에 해양복합산업단지를 조성하여 현재 분양중이다. 전곡 해양산업단지 조성사업은 화성시 전곡항에 163평방미터의 부지를 조성, 9개 업종 산업시설 유치를 통한 해양레저관광, 장비제조

생산, 해양레저 SOC 기반구축으로 해양레저산업의 인프라구축이라는 점에서 매우 중요한 의미를 가지며 해양산업의 중심지로 보트와 요트제조는 물론 관련제품 판매, 마케팅, 수리와 교육·연구 개발, 휴양, 숙박 등의 서비스가 어우러진 복합화 단지로 조성될 예정이다.

또한 경기도는 마리나항 개발을 위해 이미 2009년 11월에 113척 규모로 일부 준공하여 보트쇼를 진행하고 있는 전곡항을 비롯하여 제부항, 흘곶항, 방아머리항을 마리나항으로 개발하는데 2020년까지 총 1,622억원을 투입하여 1,733척의 요트계류시설을 확보할 계획으로 진행중에 있다. 세부적으로 살펴보면 500척 규모의 제부항은 2012년, 흘곶항은 민자개발 방식으로 400척 규모로 2015년에, 200척 규모의 방아머리항은 2020년을 목표로 규모와 수요를 감안하여 연차적으로 추진할 방침이다.

<전곡마리나 시설계획>

<방아머리·홀곶·제부 마리나 시설계획>

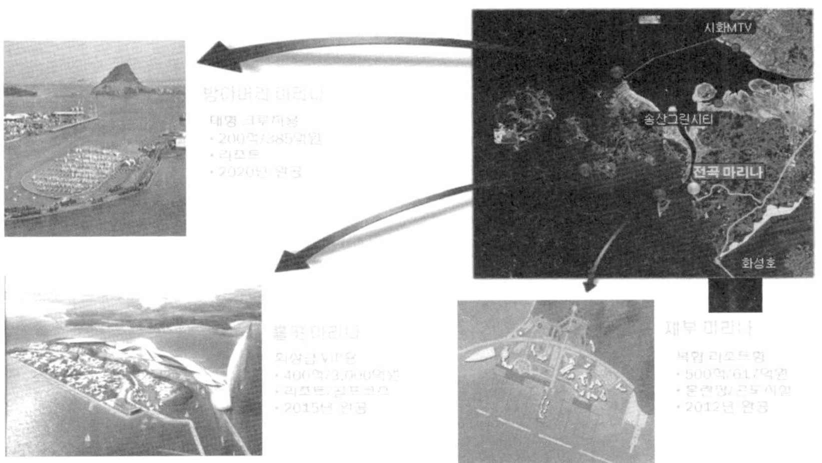

해양레저산업 육성을 위한 핵심과제

경기도는 해양레저산업 육성을 위하여 해양레저산업 저변확대, 보트쇼 및 요트레이스 대회 정착·확대, 해양레저산업 제조업 육성, 해양레저산업 활성화 체제정비, 해양레저 인프라확충 및 해양산업 관련기관 설립을 5대 핵심과제로 삼고 있다. 해양레저산업 저변확대를 위하여 요트스쿨과 대학 교류를 통한 해양레저스포츠 활성화(학점이수제 도입 등), 목제보트 자가 제작 교실 개최, 경기도 지사배 요트대회 개최를 계획하고 있으며, 보트쇼 및 요트레이스 대회 정착 및 확대를 위해서는 국제보트쇼기구연맹(IFBSO: International Federation of Boat Show Organization) 인증 신청, 지식경제부 국제전시회 인증 신청, 아메리카스컵 출전 준비단 발족, 대륙간 단일 요트대회 개최(호주-한국 등)를 준비하고 있다. 해양레저산업 제조업 육성을 위해서는 특화된 단지 조성안 수립을 통한 핵심산업 집중 육성(경기도의 자동차·정보통신산업과의 연계성 분석, 슈퍼요트산업단지, 인테리어전문업체 육성)을 계획하고 있으며, 해양레저산업 활성화 체제정비를 위히여 수산자원보호구역 내 마리나 항만시설 등 해양레저관련시설의 설치 허용, 수상레저사업장 고유수면 점용 또는 사용 및 허가 제도 개선, 수상레저기구의 개인보험 강제가입품목을 확대할 계획이며(현행 3가지에서 요트, 호버크래프트, 패러세일 등으로 확대), 해양레저 인프라확충을 위한 산업단지 내 기술지원 전문연구기관 유치와 경기도내 해양레저스포츠 지원센터도 설립할 예정이다.

경기도는 해양산업발전에 필요한 핵심전략기술 개발을 위한 산·학·연 공동연구 지원, 해양산업 제조분야에 육성자금 지원, 무역인력의 전문성 제고를 위한 해외마케팅 전문인력 양성 등 해양산업 전문기업 육성정책을 추진해 나갈 계획이다. 2010년 12월 국토해양부에서 고시한 '서해안권 발전종합계획'에 발맞춰 해양·항만 분야를 신성장 동력산업으로 전략적 특화·육성한다면 경기도는 아시아 제1의 해양레저관문이 될 것이며, 마리나 개발을 통하여 어업과 마리나가 공존하는 복합해양 레저활동의 중심지, 서해안 해양·어촌관광 명소로 자리매김하게 될 것이다.

4. 해양레저 일번지 - 부산광역시

부산광역시는 동북아시대의 해양수도를 비전으로 해양과학 육성, 해양레저·스포츠 수요 대비로 신성장 동력 확보, 부산신항 적기건설, 차별화된 양항 성장전략으로 허브항만 입지구축, 수산관광, 수출가공선진화단지 조성으로 특색 있는 명소 육성을 기본전략으로 중점 추진과제를 다음과 같이 정하고 있다.

<부산광역시 해양정책 추진전략>

해양과학기술(MT) 중심도시 육성	■ 해양정책 추진 지원역량 강화 ■ 해양산업기반조성 및 활성화 ■ 마리나 시설 본격 조성
동북아해양물류 중심도시 기반구축	■ 신항건설 및 인프라 확충 ■ 항만물류산업 고도화 추진 ■ 부산항 경쟁력 제고 ■ 센트럴 베이 본격 조성
해양친수·문화공간 도시 육성	■ 해양친수 문화공간 조성 ■ 해양관광 거점 조성 추진 ■ 친환경적 친수공간 확충

또한 부산광역시는 해양산업 기반 조성 및 활성화, 전통 해양산업의 효율성 제고, 신흥 해양산업을 집중적으로 육성하기 위하여 지역을 5개 권

역으로 나누어 특색 있게 개발하려 하고 있다.

<부산광역시 권역별 마리나 항만 추진내용>

권역	마리나항만	추진 내용
거점형	수영만 요트경기장 백운포 북항 삼미매립지	■ 백운포 : 민간제안 300척 ■ 북항 (북항 재개발사업과 병행 추진) ■ 다대 (삼미매립지) : 민간투자사업 (BTO방식, 300척)
동부권	남천마리나 대변항 학리항 칠암항	■ 남천마리나 : 민간제안 기부채납 36척 ■ 대변항 : 기본계획수립 2006년 2월 투자사업 시행 2012년부터
서부권	천성항	■ 기본계획수립 : 2009년 12월 ■ 실시설계용역 : 2012년 1월 ~ 12월 ■ 개발사업시행2013년 ~ 2016년

동부권은 기장군 일원을 해양바이오 메카로, 중부권은 북항 재개발지역을 남항과 연계 해양관광·비즈니스 거점으로, 동삼동은 공공기관 이전과 연계 동북아 해양R&D중심으로, 감천항은 국제 수산·물류 무역기지로, 부산신항은 글로벌 조선·항만물류 중심으로 육성할 계획이다. 부산광역시의 마리나시설 개발은 국가 마리나 항만 기본계획에 따라 동서 운항노선 확충 및 지역균형 발전을 위하여 거점형을 중심으로 동·서권역으로 보조형시설을 개발하고 마리나 항만 기본계획에 반영된 마리나 항만을 우선적으로 추진할 계획이다.

<부산광역시 마리나 항만 위치도>

부산광역시는 해양관광 거점 조성 추진을 위해 남항일대를 국제적 해양수산 관광 및 비즈니스타운으로 재조성하는 '남항국제수산관광단지'를 2010년부터 ~ 2020년까지 조성한다. 여기에는 체험시설, 테마시설, 사업시설, 해양레저 시설 등이 들어 설 예정이다.

또한 국가어항을 어업·유통·관광·레저 등 다기능어항으로 조성하고

단순어항에서 복합형어항으로의 기능개선으로 어장축소, 수산자원 감소

및 어업경영 악화에 능동적으로 대처하여 어업인의 소득증대에 기여할

수 있는 피셔리나항 개발로 추진하고 있다.

<수영만요트경기장>

수영만요트경기장은 '86 아시안게임과 '88 서울올림픽 요트경기대회를 개최
한 곳이어서 지금도 수영만마리나라고 부르지 않고 수영만요트경기장이라고
부른다. 2013년 11월 재개발계획이 부산시 의회를 통과했다. 당초 계획보다
1년 늦은 2015년 완공할 예정이다. 재개발이 완료되면 계류시설은 지금의
400척에서 626척 규모로 늘어나게 된다. 그러나 당초 계획은 902척이었다.
사진 왼쪽은 계류장과 '88올림픽 성화대. 오른쪽은 수영만요트경기장에 전시
중인 우리나라 최초 세계일주 요트 '선구자 Ⅱ'호.

5. 피싱보트의 메카 - 경상남도

2004년 11월부터 시작된 '남해안시대 프로젝트'는 경상남도가 남해안을

제2의 지중해로 개발하여 해양관광과 첨단사업의 융복합화를 통해 동북아 5대경제권으로 부상하는 것을 목표로 추친한 프로젝트이다. 이 프로젝트의 선도 산업중 하나를 요트산업으로 여기고 요트스쿨 육성, 보트쇼 개최, 마리나 시설사업, 요트레이스 개최 등을 다양한 정책을 펼쳐왔다.

<남해안관광벨트개발 종합계획도>

경상남도의 요트산업은 지난 2006년부터 시작된 사업으로 2007년 12월에는 '남해안시대 요트산업 종합발전계획'을 수립하여 경상남도가 동북아의 경제허브로 발돋음하기 위해서 요트산업을 육성해야 함을 제안하였고, 2008년 11월에는 '경상남도 요트산업 육성조례'를 제정하여 요트산업 육성방향과 자문기구의 설치 등에 대한 제도적 장치를 마련하였다. 경상

남도의 요트산업은 2020년까지 연차적으로 추진할 계획이며 요트산업 육성 로드맵을 수립하여 요트산업을 조기에 활성화할 방침을 가지고 있다.

<경상남도 마리나 항만 위치도>

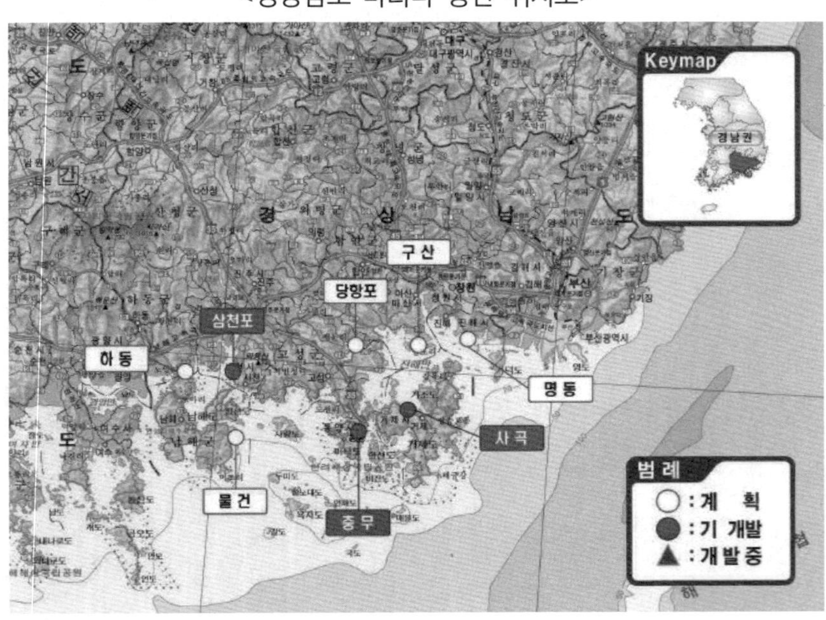

경상남도의 요트산업 현황을 살펴보면 경상남도는 조선산업에 집중하다 보니 요트산업 분야에서는 남해안의 지리적 우수성을 살리지 못하고 있는데, 2009년 11월 현재 요트보유대수는 총 734대로 전국대비 10% 정도이며, 요트생산은 전국의 20%를 차지하고 있다. 2009년 해양경찰청 자료에 따르면 경상남도 요트 조종면허 취득율은 전체대비 10.5% 수준이며 조종면허 시험장은 전국 16개소 중 3개소가 경남에 소재하고 있다. 2010

년 4월 현재 경상남도 도내 요트관련 제조업체는 요트제작업체 6개소·보트제작업체 3개소·요트관련 부품업체 5개소·마리나 설치 및 운영업체 7개소로 총 21개사로 대부분 소규모로 운영되고 있으며 일부업체는 해외 수출도 하고 있다. 요트계류장은 총 12개소로 공공부문 3개소와 사설 9개소가 있으며 총 수용척수는 육상과 해상을 포함하여 443척이다.

경상남도는 국토해양부에서 추진한 '국가마리나 기본계획 및 마리나 활성화 방안'에 발맞춰 마산, 진해, 통영, 사천, 거제, 고성, 남해, 하동 등 8개 연안 시군의 마리나 명칭과 규모를 결정해 요트를 계류할 수 있는 마리나 시설을 연차적으로 설치할 계획이다. 그리고 요트단지, 요트산업 기술연구센터 등 요트산업 선점기반 조성을 위한 요트산업 클러스터를 통영시 일원에 건립할 예정이다.

경상남도는 요트 붐 조성과 요트인구 저변 확대를 위해 2007년부터 매년 국제보트쇼와 '이순신장군배 국제요트대회'를 개최하고 있고, 일반인들 누구나 요트를 보다 안전하고 저렴하게 즐길 수 있는 여건조성과 요트 대중화를 위해서 도내 진해해양레포츠스쿨·통영요트학교·거제요트아카데미·고성레포츠스쿨·남해요트학교 등 5개소를 설립·운영 중이다. 요트클럽 및 선수육성을 위해 경남요트선수단인「남해안시대 드림팀」등 2개팀을 국내·외 전지훈련 및 국제대회 참가 지원 등을 통하여 도내 요트팀의 경기력 향상에 힘을 쏟고 있으며, 2011년에는「제6회 전국해양스포츠 제전」을 유치하였다.

요트산업 세부실행계획 추진방향

경상남도는 요트산업 종합발전계획과 정부의 해양레저장비산업 육성 전략을 바탕으로 요트산업 세부실행계획을 다음과 같이 10가지로 정하고 있다.

첫째로 해양관광과 낚시를 결합한 피싱요트 사업을 추진한다. 피싱요트 설계 및 디자인 공모전 개최, 보급형 피싱요트 선체 및 실내 디자인 개발 프로젝트 용역, 낚시어선 및 일반어선의 피싱요트 전환사업 추진, 어촌계 공동운영 피싱요트 비즈니스모델 발굴, 사업자와 소비자를 연결하는 피싱요트 이용 인터넷 공동네트워크 구축, 피싱요트 운항 해상지도 및 GPS 서비스 실시, 피싱요트와 남해안 섬 탐험 연계 관광상품 개발, 대한민국 국제보트쇼를 피싱요트 전문 전시회로 육성 등의 계획을 추진한다.

둘째로 요트스쿨 및 요트클럽을 육성한다. 초·중등학교 교직원 대상 요트체험 프로그램 운영, 유소년을 위한 바다사랑 요트체험 프로그램 운영, 지역 대학 평생교육원 요트체험 프로그램 운영, 공무원 교육훈련 과정 중 요트체험 프로그램 운영, 국제요트 동호인대회 유치, 연안 시군별 공설 요트스쿨 운영, 요트스쿨 지도자협의회 결정 및 운영을 장려할 계획이다.

셋째로 국제요트대회 개최한다. 아메리카스컵 참가를 장기목표로 설정하고 호주 퀸즈랜드 - 경남 간 국제요트대회(Sail Korea)를 지속적으로 개최하고, 이순신 장군배 국제요트대회를 키워서 국제적인 브랜드를 가진

대회로 육성할 계획이다.

넷째로 우리나라 최초의 보트쇼인 대한민국 국제보트쇼를 지속적으로 개최한다. 이를 통하여 산업 전문 전시회로 육성하고, 국제보트쇼기구연맹(IFBSO) 인증을 추진하며, 세계 유명보트쇼와 업무협력 네트워크 구축하고, 종국에는 민간이 주도하는 보트쇼로 키워나간다.

다섯째로 슈퍼요트산업 육성한다. 슈퍼요트 선체 및 실내 인테리어 기술개발 프로젝트 추진, 슈퍼요트급 행정선 건조, 국내 슈퍼요트 건조 가능 업체의 투자유치, 국내 중소조선업체와 해외 슈퍼요트업체간의 합작투자 지원, 슈퍼요트 해외마케팅 지원, 대양주~동남아~동북아를 잇는 슈퍼요트 항해루트를 개발할 계획이다.

여섯째로 통영시 일원에 900,000평방미터 정도 규모의 요트산업 클러스터를 조성(2009년~2015년)한다. 이를 위해서 요트 생산단지, 요트산업 기술연구센터, 요트스쿨, 요트전시관·박물관 등을 조성하고, 도내 대학의 요트학과와 요트관련 연구기관을 요트산업 클러스터에 유치하여 시저니 효과를 낼 계획이다. 아울러 마리나와 클럽하우스도 개발하고 요트 판매를 위한 쇼룸과 딜러숍을 만들어서 명실 공히 클러스터로서 역할과 기능을 다하도록 할 계획이다.

일곱째로 마리나 개발사업을 추진하다. 국가지정 마리나의 체계적 개발(총 8개소), 피셔리나 개념의 시군 자체 마리나 사업 적극 지원, 다기능어항 개발 시 계류시설을 보강할 계획이다.

여덟째로 요트산업 육성을 위한 전문 민간단체를 구성한다. 민간 주도로 산업을 견인해 갈 수 있는 자생력을 키우기 위한 계획이다. 여기에는 사단법인 한국해양산업진흥회(가칭)를 조직, 경상남도 해양레저산업의 씽크탱크 역할 수행, 대한민국 국제보트쇼 주관, 민간단체 주관 교육인증 프로그램 운영, 민간단체 부설기관으로 요트산업연구소를 설치 운영 등의 계획이 포함되어 있다.

아홉째로 요트생산 전문인력 양성 및 법령개정 등 소프트웨어를 강화한다. 이를 위하여 도내 대학에 요트전문학과 신설을 유도하고, 요트 디자인 및 제조 직업훈련 프로그램도 개발할 계획이다. 요트제조 전문인력을 양성을 돕기 위해서 호주 퀸즈랜드 주립대학 요트학과에 연수생을 선발을 지원한다. 또한 도 행정조직 내에 요트산업 전담부서를 신설하고, 요트산업 관련 제도개선 용역을 시행하여 요트산업 관련 제도개선을 추진한다.

마지막으로 해양산업 국제협력 협의체를 구성한다. 여기에는 한국 해양산업진흥회(가칭), 브라질 해양산업협회(FIRJAN), 스페인 마요르카해양산업협회(FENAN), 호주 해양산업협회(AMIF) 등 4개국 해당지역의 해양산업협의회가 주축이 되어 민간차원의 협의체를 구축할 계획이다.

6. 요트관광 허브도시 - 제주특별자치도

제주특별자치도는 국제적 관광·휴양도시로서 4면이 해양인 섬의 특성을 살리고, 지속가능한 관광·휴양·지식을 중심으로 한 국제자유도시의 기반구축 및 육성의 일환으로 신해양산업 발굴육성의 비전을 가지고 글로벌 해양경영과 해양산업의 선진화, 국제적 요트 해양관광도시 조성을 핵심목표로 하고 있다. 해양산업 신성장 프로젝트 추진을 위하여 제주형 해양산업 발전전략을 수립하고, 지역특성에 적합한 해양·어촌 관광 개발을 위하여 동북아 중심의 요트마리나 개발, 공공 디자인 관광어항개발, 체험·휴양형 어촌관광 개발을 중점 추진과제로 삼고 있다. 모슬포 남항을 가파·마라도와 연계한 제주 서남부지역의 핵심 어촌관광단지로 조성하고, 방어낚시·숭어잡이·올인하우스·요트·올레길 등을 테마로 한 체험 및 휴양형 어촌관광 지역특화 개발로 새로운 소득원 창출을 도모하고 있다.

발전전략 및 추진계획

특히 제주특별자치도는 '요트관광 허브'를 만들어 육상관광 위주의 관광에서 해양관광으로 확대하고자 동북아 중심의 요트마리나항 개발 및 요트 관련 법·제도 개선, 요트학교 개설 및 운영, 마리나항 콘텐츠 개발, 국내 마리나항 연계 프로그램 개발 및 운영, 세계요트 레이싱 대회 유치, 출입국 업무 통합 관리시스템 구축 등을 발전전략으로 삼고 있다.

<제주특별자치도 마리나 항만 위치도>

　　체류하고 싶고, 매력적인 서비스를 제공받을 수 있는 요트관광 허브를 조성하기 위하여 마리나항 관련 전문인력 양성, 국제 요트학교 개설 및 운영, 민간투자 촉진을 위한 국제적 마리나항 개발, 수상레저 활동의 활성화, 요트산업 관련 제도 개선을 추진계획으로 하여 관내 대학의 관련학과와 외국 교육기관과 마리나항 관리·운영 전문인력 교육을 추진하기 위

한 양해각서체결, 민국복합관광미항의 주둔 해군과 제주국제요트학교와 연계, 제주특별자치도가 마리나 항 전문인력 교육 특화, 국제 요트스쿨 개설을 위한 기반 조성, 교육프로그램을 개발 및 전문교사를 양성, 해양 교육프로그램 개발, 마리나 항 개발과 운영에 따른 규제 완화, 민간투자 회사 중 적합한 민간투자회사를 선정하여 마리나 항 개발, 기반시설 정비와 레저상품 개발, 유어장 운영 활성화, 수상레저 활동의 촉진, 마리나 항만의 조성 및 관리 등에 관한 법률 이양, 요트관련 법령 일원화 또는 별도 특별법 제정, 제주특별자치도 관련 조례에 요트관련 규제 완화 등을 세부적으로 추진할 계획이다.

국토해양부의 '제1차 마리나 항만 기본계획'에 포함되어 있는 제주특별자치도의 마리나는 이호마리나·도두마리나·김녕마리나·중문마리나·강정마리나 총 5개이며, 각각의 개발방향은 다음과 같다.

<제주특별자치도 마리나 항 개발 대상지>

항별	개발 방향
도두항	■ 제주지역 대학과 기업들이 연계한 산업형 R&D 레포츠형 마리나로 개발 ■ 해양레저 보트의 정비와 수리를 위한 마리나로 개발 ■ 지역사회 대학과 연계하여 요트와 스킨스쿠버를 체험 또는 자격을 취득할 수 있는 해양레저학교를 도입하고 해양교육의 장으로 개발
김녕항	■ 제주바다의 풍부한 어장과 바닷속 생태환경 등 해양관광과 연계한 자연·경관 중심의 마리나로 개발 ■ 요트를 이용한 돌고래 관찰투어, 스킨스쿠버 등 다양한

	해양레저 스포츠 활동이 가능한 체험형 마리나로 개발 ■ 배후 Saint four & Resort 종합 관광지와 연계한 사계절 마리나로 개발 ■ 제주시 지역의 해양레저 인구 확대를 위해 요트와 스킨스쿠버를 체험 또는 자격을 취득할 수 있는 해양레저학교의 도입을 통한 해양교육의 장으로 활용
이호항	■ 천혜의 자연경관을 이용한 휴양 체류중심의 리조트형 마리나 항만으로 개발 ■ 이호유원지 내 시설과 연계한 고품격의 해양레저 문화 제공 ■ 중국 및 일본 관광객 등을 겨냥한 신상품 개발로 체류형 복합 마리나로 개발 ■ 제주지역의 청정해역, 자연경관 등이 훼손되지 않도록 해양환경보전을 우선시 하는 마리나로 개발
중문항	■ 중문관광단지 내 위락단지 및 호텔들과 연계한 체류형 관광 마리나로 개발 ■ 제주국제컨벤션센터 및 호텔들과 연계한 비즈니스 세일링 및 가족단위의 체험형 세일링 등의 관광프로그램으로 운영 활성화 도모 ■ 중문관광단지와 천지연폭포, 해안의 기암절벽 등 지역 관광자원과 연계, 관광객 흡인을 위한 마리나로 개발 ■ 외해로의 진출입 용이성과 휴식을 겸비할 수 있으므로 대형 크루즈요트의 중간 기항지로 개발
강정항	■ 민 군 복합형 관광미항에 입항하는 크루즈관광객과 연계하여 해양레저 스포츠 체험의 장으로 개발 ■ 연안에 형성된 연산호 군락지를 활용한 수중레포츠 중심의 마리나로 개발 ■ 국제관광지의 거점지역으로 육성 개발한 중문관광단지와 연계하여 관광형 마리나로 개발 ■ 육해상 생태계의 악영향 최소화 및 환경복원을 고려한 환경 친화적 마리나 개발 ■ 환경보전을 전제로 한 해상매립을 최소화하고 인위적인 매립을 지양하는 마리나로 개발

7. 해양관광 중심도시 - 목포시

목포시는 국제적인 '해양·관광·레포츠·휴양의 중심도시'라는 발전 비전을 세우고, 내항과 삼학도 지선 내에 총 1,100억 원의 사업비를 투입하여 600척을 계류할 수 있는 마리나를 건설 중에 있다. 현재 1단계 공사를 완료한 상태다. 1단계 공사는 50피트급 32척을 계류할 수 있는 시설과 클럽하우스 등을 갖추는 공사로 지난 2006년에 시작했다. 현재 2단계 공사를 추진하고 있으며, 2013년에는 498척으로 점차 확장하여 오픈할 예정에 있다.

목포시는 국제적인 해양관광 중심도시 건설을 위해 5대 관광 거점별 특화 개발, 국제적 관광도시 이미지 창출, 이야기가 있는 체험형 관광상품 개발 및 홍보에 역점을 두고 있으며 그 세부적인 내용은 아래와 같다.

5대 관광 거점별 특화 개발

유달산권을 중심으로 자연·문화·예술·역사 등을 융·복합한 대표 관광지로 육성하기 위하여 목포진 복원 공원조성('09~'12년), 역사문화의 길 조성('07~'13년), 유달산~고하도 해상관광케이블카 건설, 유달산 후사면 한옥마을 조성을 추진하고 있으며, 삼학도권은 역사와 해양 체험형 관광지로 개발하기 위하여 삼학도 복원 공원 조성('12년 완공), 요트마리나 확장('11년 70척), 어린이 바다체험과학관 건립('12년 완공)을 추진하고 있다. 북항권은 해양테마와 수산자원 활용 관광지로 개발하기 위하여 해양수산복합센터('11. 4월 준공), Sea Food Town('11~'13년)을 조성 및 북항유원지 개발을 추진하고 있으며, 역사·해양·휴양을 아우르는 체류형 관광지로 조성하기 위하여 고하도권은 고하도 유원지개발('05~'12년) 기반시설 공사 추진 및 300억원 규모의 민간부분 투자협약('10. 9월), 숙박시설과 편의시설을 반영한 외달도 유원지 조성계획을 변경하여 고객 편의 위주 시설 보강을, 갓바위권은 전국 제일의 문화를 테마로 하는 관광지로 조성하기 위하여 '목포 춤추는 바다분수'를 대표 관광 상품화, 해상 보행교 확장 등 하드웨어를 확충하고 소프트웨어를 보강하여 전국 제일의 문화타운으로 조성할 계획이다.

목포시는 해양관광도시 이미지 마케팅, 전략적 홍보로 국제 해양관광도시 위상 제고, 해양문화축제 프로그램 개발 확대, 국내외 선박의 축제 참여와 세계 각국의 해양문화를 소개하는 해상카니발 프로그램 확대로 대표 축제의 전국화·세계화, 드래곤보트 경주대회 등 시민 참여형 프로그램 개발 및 확대를 통한 국제적 관광도시 이미지 창출에 힘을 쓰고 있다. 또한 관광객의 취향 및 욕구 다양화에 대응하기 위하여 이야기가 있는 체험형 관광상품의 개발과 다양한 매체를 활용한 관광홍보 마케팅 전개, '영

산강 황포돛배' 운항 및 영산강 역사 재현, 주제가 있는 '목포 바닷길' 도
보관광 상품화 등을 계획하여 추진하고 있다.

<목포시 마리나 항만 위치도>

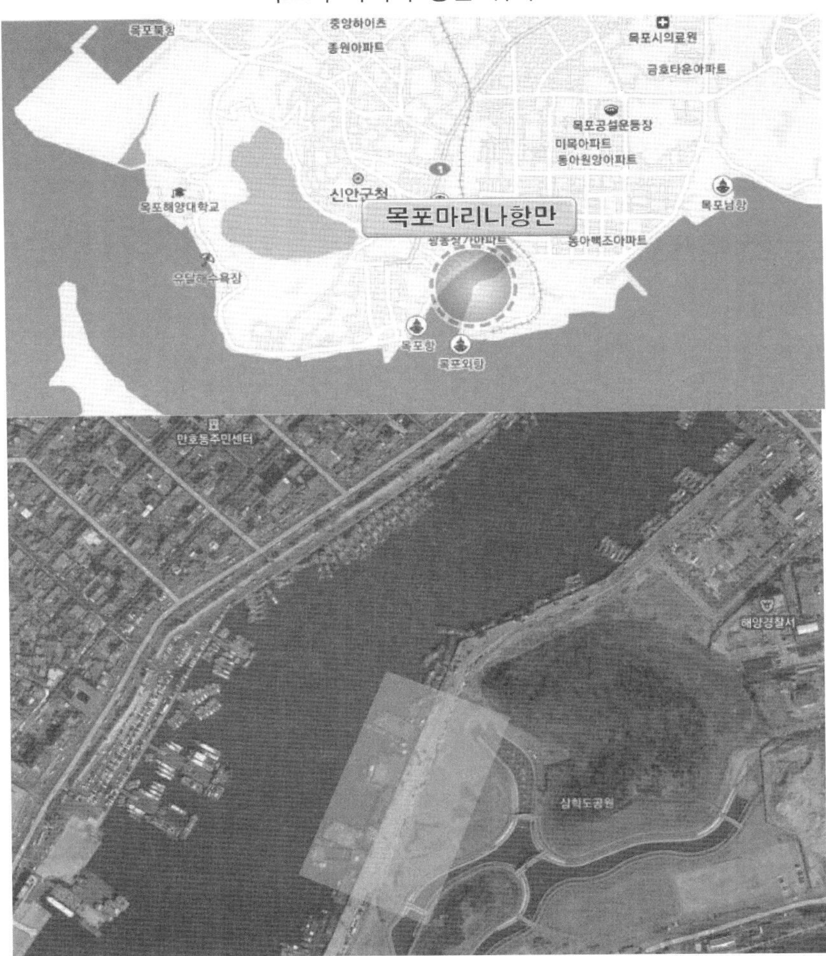

이제는 요트시대!

2008년 서브프라임 모기지 사태로 촉발된 미국발 금융위기는 전 세계 경제를 위기로 몰아넣었다. 해양레저산업도 예외는 아니었다. 제일 큰 타격을 입은 나라 중 하나인 이탈리아의 해양레저산업은 100피트 이하 요트생산량의 75%가 감소했다. 요트제조업계의 수출 비중이 경제위기 이전인 2008년에는 53% 정도였으나 2012년에는 85%로 급증했다. 수출이 증가해서가 아니고 살아남기 위해서 수출에 총력을 기울여야만 했기 때문이다. 상대적으로 안정적이었던 프랑스도 지난 해 요트생산액은 7억 7,900만 유로(1조 1,153억 원)에 그치고 말았다. 이는 정점을 이루었던 2007년 요트생산액 12억 8,800만 유로(1조 8,440억 원)의 60.5%에 불과한 수치다. 즉, 프랑스 해양레저산업은 미국발 경제위기로 말미암아 39.5%나 줄어든 것이다.

이런 위기상황에서 낭보가 날아들었다. 중국 해양레저산업이 폭발적인 성장세를 보인 것이다. 2011년 82개소였던 마리나는 89개소로 증가했고, 요트 보유척수도 15,966척에서 19,108척으로 늘어났다. 요트수입액도 1억 1,100만 유로(1,589억 원)에서 1억 8,000만 유로(2,578억 원)로 늘어나서 무려 62%나 증가했다. 결정적으로 주요한 변화는 미국 해양레저산업이

상승 반전한 것이다. 2012년 미국 해양레저산업은 2011년 대비 10%나 증가했다. 파워요트 매출액은 이 보다 더 큰 14% 성장했고, 요트 악세사리 시장은 무려 40%나 증가했다. 미국은 전 세계 해양레저산업의 약 70%를 차지하고 있기 때문에 2012년 미국 해양레저산업의 상승반전은 2013년 또는 2014년에 전 세계 해양레저시장의 동반상승을 알리는 신호탄이다.

따라서 해양레저산업의 단기 전망을 밝게 예측하는 업계종사자들이 더욱 늘고 있다. 2013년 해양레저 트렌드 조사 통계치를 2012년도 통계치와 비교해보면, 해양레저산업 경기가 좋아질 것이라고 전망한 사람의 비율은 45.5%에서 54.2%로 늘어났고, 나빠질 것이라고 전망한 사람의 비율은 31.9%에서 12.5%로 줄어들었다.

전 세계 해양레저산업에 대한 긍정적인 전망과 함께 우리나라 해양레저업계도 기지개를 펴고 있다. 양화마리나에서 전곡마리나로 옮겨서 클럽하우스를 준공한 엠보트는 국내 최대 규모의 요트전시장을 갖춘 본사까지 완공하고 본격적으로 해양레저 비즈니스에 뛰어들고 있다. 업계를 리드하고 있는 씨케이마린은 주식회사 한국 벨링햄마린을 인수한데 이어서 지중해 최고의 해양레저전문기업 아이피엠매니지먼트(Inciativas Portuarias de Mallorca Management)로부터 투자를 유치함으로써 종합해양레저기업으로 변신하고 있다. 이에 사명을 씨케이아이피엠으로 변경하고 제2의 창업을 선언했다.

마리나를 보유하고 있는 전국 광역자치단체에서도 해양레저산업 전망 개선과 함께 더욱 발 빠르게 움직이고 있다. 부산광역시에서는 1년이나 지연되었던 수영만요트경기장 재개발 사업계획이 2013년 11월 의회를 통과했고, 인천광역시에서도 2014년 아시안게임 요트경기대회를 치르게 될 왕산마리나에서 시범요트대회를 치르고 막바지 준비 작업에 박차를 가하고 있다.

그러나 과연 광역자치단체의 해양레저정책이 경쟁력을 갖추기에 충분한지에 대해서는 의문이 남는다. 경기도는 6년을 이어 온 경기 보트쇼와 코리아매치컵 요트대회를 2014년부터 격년제로 진행하는 것을 검토하고 있다. 굳이 격년제로 해야 한다면 진작에 했어야 한다. 환언하면, 전 세계 해양레저산업 경기가 최악을 달릴 때는 대규모로 개최하다가 전 세계 해양레저 경기가 호전되고 있는 시점에서 규모를 축소한다면 그야말로 말이 안 된다. 해양레저산업단지까지 갖춘 마당에 전 세계 해양레저산업 경기 전망이 계속해서 어둡다면 모르겠지만 대부분의 업계종사자들이 경기 전망을 긍정적으로 보고 있는 시점에 굳이 규모를 축소하고 개최시기를 격년제로 바꾼다는 것은 어불성설이다. 해양레저산업 동향 자료라도 검토하는 성의를 보였으면 좋겠다.

모두 8차례 수정을 거듭하면서 의회를 통과한 수영만요트경기장의 계류장 선석은 626선석에 불과하다. 현재도 448선석을 갖추고 있으니 기껏 178선석을 늘리자고 1,623억 원의 공사비를 투입해서 재개발하는 격이다.

요코하마 베이사이드마리나 1,500선석에 비교하면 약 1/3에 불과하다. 수영만요트경기장이 자리 잡고 있는 부산 해운대는 호텔·콘도미니엄 등 다종다양한 숙박시설과 센텀시티를 비롯한 각종 판매시설을 충분히 갖추고 있다. 수영만요트경기장에 계류시키고자 하는 요트들이 줄을 서서 기다리고 있는 상황에서 지천으로 널려있는 상업시설은 원안보다 12,000평방미터나 늘리고 정작 해양레저시설은 원안보다 5,000 제곱미터나 줄인 재개발을 하면서 과연 부산이 해양관광과 해양레저비즈니스의 거점 해양도시가 될 수 있겠는가?

이상의 긴 여정을 통해서 살펴 본 바와 같이, 해양레저는 삶의 질을 높여줄 수 있는 여가자원의 보고다. 어디 그 뿐인가! 반도체시장보다 더 큰 시장이며 지역의 신성장 동력산업이다. 그럼에도 불구하고 해양레저를 소수 부유층의 전유물 또는 호화사치 향락산업으로 간주하는 일부의 시각은 참으로 개탄스럽다. 쇄국으로 일관하면서 물가에 가지 말라고 했던 구한말의 우를 또 다시 반복하지나 않을까 우려스럽다. 이제는 한반도와 그 부속도서를 감싸고 있는 바다로 눈을 돌려야 할 때다. 동아시아의 바다를 주름잡던 해상 왕 장보고의 기상을 오늘에 되살리지 않고도 우리가 뻗어나갈 수 있다면 해양레저를 무시해도 좋다.

우리가 해양레저 강국으로 발돋움하기 위해서는 해양레저 인프라확충·해양레저 인구의 저변확대·해양레저 장비보급·요트국산화 등을 목표로 하여 전략적으로 해양레저를 육성해야 할 필요가 있다. 또한 마리나 활성화를 선도할 시범마리나 개발·지역 특성에 맞는 차별화된 마리나 조성·지원 법령을 통한 민간참여 유도·이용자 편의 및 친환경 개발을 고려한 마리나 개발 등을 해양레저산업 경쟁력 제고의 지향점으로 삼아야 할 것이다.

그러나 무엇보다도 중요한 것은 초기 해양레저산업의 향방을 결정하게 될 정부의 정책방향이다. 요트제조를 국산화하는 것이 올바른 방향인지 아니면 마리나를 개발하고 그것을 여가자원화하여 부가가치를 창출하는 것이 국제경쟁력을 갖추는 길인지를 심사숙고해야 할 것이다. 그렇다고 요트제조업을 뒷전으로 미루자는 말이 아니다. 마이 카 시대를 연 것이 자동차 제조업이었던 것에 비추어 보면 마이 요트시대를 여는 핵심 키는 요트제조업에 있다. 거기다가 요트산업 시장규모는 반도체시장규모 보다 더 크다. 제조업 기반 없이는 불가능한 시장규모다. 따라서 요트제조업을 포기해서는 안 된다. 지난 노태우 대통령 때처럼 요트구매자를 세무조사 하고 중과세하는 등 해양레저 시장을 포기해 버리는 우를 범해서는 안 된다는 말이다.

그럼에도 불구하고 요트제조보다는 마리나개발에 정책의 우선순위를 두어야 한다고 말하는 이유는 시장논리가 작동하게 하는 것이 경쟁력을 높이는 첩경이기 때문이다. 마리나는 도로와 마찬가지로 사회간접자본이다. 인프라를 갖추는 일을 정부가 하는 것은 당연하고, 정부가 해양레저 인프라를 갖추어 주어야만 해양레저산업이 발전할 수 있다. 따라서 정책의 우선순위는 요트가 아니라 마리나에 두어야 한다.

마리나 인프라를 확충하게 되면 요트 국산화와 해외 수출 등으로 해양 레저산업이 신성장 동력산업화하게 될 것이다. 프랑스·영국·미국·독일 등 해양레저 선진국의 사례를 통해서도 확인되는 바이지만 마리나가 없으면 해양레저산업도 없다. 또한 해양레저 인프라를 확충하게 되면 국민들의 해양레저 활동도 자연스럽게 증가하게 된다. 즉, 마이 카 시대에 이어서 마이 요트 시대가 열리고, 그에 비례하여 삶의 질도 향상될 수 있는 계기가 마련될 것이다. 그 뿐 아니다. 우리가 신나게 놀기 시작하면 다른 나라 사람들도 덩달아 놀려고 몰려들기 마련이다. 마리나가 인바운드 관광객을 위한 핵심 관광자원으로 각광을 받게 됨으로써 또 다른 경제적 파급효과가 나타나게 된다는 말이다. 요컨대 마리나 개발을 통한 인프라 구축·해양레저를 통한 삶의 질 향상·해양레저산업 육성·해양관광 활성화 등은 우리의 미래다.

이제는 요트시대다!

참고문헌

강원도청. 2010.『2010 도정백서』

경기도. 2010.『경기도 해양레저산업 육성을 위한 연구 최종 용역보고서』

경기도. 2010.『경기도 해양레저산업 육성을 위한 연구 해양레저산업 현
　　　황』

경상남도 남해안기획관실. 2010.『경상남도 요트산업 세부실행계획』

경상북도. 2007.『경상북도 동해안 해양개발 종합계획』

국토해양부. 2010.『제1차 2010~2019 마리나 항만 기본계획』

국토해양부 지적기획과. 2011.『지적통계연보』

기획예산처 성과관리본부 예산낭비대응팀. 2006. "지자체의 경쟁적 드라
　　　마세트장 지원, 예산낭비 가능성 커". 한국개발연구원 경제정보센터.

김경렬·박동규·박재성. 2005. "장애인을 위한 해양레저스포츠 활용 방
　　　안".『한국여가레크리에이션학회지』29 : 283-292.

김경호. 2006. "한국해양레저사업 안전관련 법제의 발전방안".『한국스포
　　　츠리서치』17(6) : 1173-1182.

김남윤. 2010.『경기도 해양레저산업 육성을 위한 연구』경기도.

김미정·곽다라·조윤진·이유리. 2006. "더블 다이아몬드 모델을 이용한

한국과 중국의 의류산업 경쟁력 분석". 『한국의류학회지』 30(1) : 354-1365.

김성귀 · 홍장원. 2006. 『다기능 어항에서의 마리나 조성방안 연구』 한국해양수산개발원.

김숙. 2002. "일반화된 더블다이아몬드 모델적용에 의한 제주관광산업의 국제경쟁력에 관한 연구". 박사학위 논문. 숙명여자대학교.

김윤영. 2012. 『수상관광레저산업 활성화 방안 - 내수면 무동력 수상관광 레저 활동을 중심으로』 한국문화관광연구원.

김윤영. 2011. 『수상관광 이용 활성화를 위한 정책 방향 연구』 한국문화관광연구원.

대구경북연구원. 2009. 『제4차 경북권 관광개발계획』 경상북도.

대한무역투자진흥공사. 2009. 『해외 주요국 레저보트산업 조사』

목진용 · 박용욱. 2002. 『해양레저사업의 법제 개선방안』 한국해양수산개발원.

박기주 · 한남희 · 김차용. 2008. "2012 여수세계박람회 개최를 통한 해양 레저스포츠 발전 방안". 『한국사회체육학회지』 34 : 447-456.

박정주. 2012. 『국내 인바운드관광 활성화를 위한 관광상품개발에 관한 연구 - 일본 · 중국 관광객을 중심으로』 서울과학종합대학원대학교 경영학석사학위논문.

박장렬 · 김현 · 고동완. 2010. "이중 더블 다이아몬드 모델을 이용한 관광

산업 경쟁력 분석 : 한국과 일본의 비교를 중심으로". 『관광학연구』 34(9) : 51-71.

심기섭 · 김학소 · 장정인. 2007. 『국제여객터미널 및 마리나 시설의 경제성 분석 방법론에 관한 연구』 한국해양수산개발원.

윤상택 · 김진현. 2011. "제주특별자치도 레저스포츠 관광의 현황 및 발전 방향". 『해양스포츠연구』 1(1) : 31-42.

옥성삼. 2011. "해양레저 비즈니스의 문화적 환경에 대한 연구". 『여가웰니스학회지』 2(2) : 21-33.

옥성삼 · 최석호. 2012. "레저비즈니스의 블루오션 전략연구 : 경기국제보트쇼를 중심으로". 『한국도서연구』 24(2) : 15-36.

윤태근. 2010. 『요트로 세계일주 뱃길을 열다』 도서출판 돛단배.

이승우 · 홍장원 · 고민규 · 이남순 · 김병곤 · 전기현. 2010. 『제주해양관광 특성화 계획수립』 제주특별자치도.

이정식. 2004. "해양 레저스포츠 발전의 전제와 산업화 방안". 『한국 스포츠리서치』 15(6) : 1827-1838.

이재형. 2005. "소규모 어촌 어항 개발을 통한 해양레저스포츠관광 활성화 방안". 『한국여가레크레이션학회지』 30(2) : 151-167.

이종열 · 김수훈. 2010, "해양레저의 활성화 요인에 관한 연구" 『행정논총』 48(4) : 409-428.

이종열 · 이재호 · 변일용, 김인. 2005. "주민중심적 지역개발 전략: 울산광역시 강동권 개발사례를 중심으로". 『지방정부연구』 9(3) : 139-153.

장영주. 1993. 『요트야 요트야』 진명출판사.

전라남도. 2012. 제3차 "전라남도 종합계획 수정계획 2012~2020 요약보고서".

전북발전연구원. 2007. 『제3차 전라북도 종합발전계획 수정계획』 전라북도.

정광렬·조현성·최승목·권태일. 2009. "대공황기 미국의 문화·관광 정책 사례분석 및 대응방향". 『문화관광 동향분석 2호』 문화관광연구원.

정득영. 2010. "수상레저보트산업의 글로벌 현황과 국내 시장의 활성화를 위한 제안". 『기초조형학연구』 11(6) : 507-516.

정명수·정형식·김홍남·김영심. 2010. "해양레저스포츠산업에 대한 정부지원과 동호회구성이 회원의 관계네트워크 및 참여행동에 미치는 영향." 『한국사회체육학회지』 42 : 397-407.

정영종. 2012. 『지자체간 해양여가산업 경쟁력 비교 - 9팩터모델을 이용하여』 서울과학종합대학원대학교 경영학석사학위논문.

정재희·김상렬. 2010. 『남해안시대 관련 정책동향』 경남발전연구원 남해안발전연구지원센터

정진섭. 2008. "더블 다이아몬드 모델에 근거한 한국과 미국 영화의 경쟁력 분석 : '왕의 남자'와 '악마는 프라다를 입는다'를 중심으로". 『전문경영인연구』 11(2) : 89-113.

제주특별자치도 해양수산국. 2010.『제주 해양관광 특성화 5개년 계획』

조동성·문휘창. 2006.『국가경쟁력 이론과 실제』한국경제신문.

조동성. 2007.『한국의 국가경쟁력, 세계 5위 가능하다』한국선진화포럼.

조우정. 2011. "해양레저 전시 및 이벤트의 경제적 파급효과 분석 : 경기 국제보트쇼 및 코리아컵 매치레이스 세계요트대회를 중심으로".『한국사회체육학회지』45 : 139-150.

조재기·신영균·홍완식·손명준. 2006. "해양·레저스포츠 관광상품 개발을 위한 대학과 지방자치단체간의 협력 모형(Ⅲ) - 정책개선방안 중심으로".『한국스포츠리서치』17(6) : 1213-1224.

최석호 편저. 2012.『중국인이 몰려온다! - 천만 관광객 시대의 한국관광』백산출판사.

최석호. 2009.『여가의 발견 - 새롭게 열리는 여가의 세계』일신사.

최석호. 2006.『한국사회와 한국여가 - 근대적 대중여가의 형성과 문명화』한국학술정보.

충남발전연구원. 2006.『제3차 충청남도 종합계획 수정계획수립 연구』충청남도.

한국해양수산개발원. 2010.『제주 해양관광 특성화 계획』제주특별자치도

함도웅. 2005. "권역별 레저시설의 활용을 통한 해양 레저시설 사용의 효율적 정책 방안".『한국사회체육학회지』25 : 441-453.

허영만·송철웅·이정식.『집 나가면 생고생 그래도 나간다』가디언.

해양경찰청. 2011. 『2011 해양경찰백서』

宮前秀明 · 横山一郎 · 高橋太郎 · 永井潤. 2010. 『요트의 과학』 홍성완 · 김사수 · 김효철 · 이승희 · 이영길 · 김용재 · 김상현 공역. 지성사.

British Marine Federation. 2013. "UK Leisure, Superyacht and Small Commercial Marine Industry - Key Performance indicators 2011/2012". ICOMIA. *Recreational Boating Industry Statistics 2012.*

British Marine Federation. 2012. "Watersports and Leisure Participation Survey 2011"

Douglas-Westwood. 2005. *World Marine Markets.*

Fortune Character Group. 2012. "Overview on 2012 China Luxury Report". Asia Pacific Boating.

French Nautical Industries Federations. 2013. "French Nautical Industries Key Figures 2011/2012". ICOMIA. *Recreational Boating Industry Statistics 2012.*

Fulton, Mike. 17 June 2013. "". The China Cruise & Yacht Industry Association Says Sales Should Reach USD 8.16bn".

Ge, Fan & Henning Schwarzkopf. 2012. "The Superyacht Market in China : Today and Tomorrow". 5th Annual Superyachr Finance Forum.

Hagmann, Katharina. 2012. "Yacht and Pleasure Boating Industries :

China and Hong Kong". MAINE.

ICOMIA. 2013. *Recreational Boating Industry Statistics 2012.*

ICOMIA. 2012. *Recreational Boating Industry Statistics 2011.*

ICOMIA. 2011. *Recreational Boating Industry Statistics 2010.*

ICOMIA. 2010. *Recreational Boating Industry Statistics 2009.*

Japan Boating Industry Association. 2013. "2012 Statistics Summary of Japan boating Industry". ICOMIA. *Recreational Boating Industry Statistics 2012.*

Kuroyanaki, Akio. 1994. *Town Planning with Pleasure Harbour.* Process Architecture.

Michael E. Porter. 2008(1990). 『마이클 포터의 국가 경쟁력우위』 (*The Competitive Advantage of Nations*). 문휘창 역. 21세기 북스.

Moon, H. C., Rugman, A. M., & Verbeke. 1998. "The Generalized Double Diamond Approach to Global Competitiveness of Korea and Singapore". *International Business Review.* 7 : 135-150.

Moon, H. C. & Rpdhl, T. 2001. "Unconventional Foreign Direct Investment and the Imbalance Theory". *International Business Review.* 10(2) : 197-215.

National Marine Manufacturers Association. 2013. "2012 Recreational Boating Statistical Abstract". ICOMIA. *Recreational Boating Industry*

Statistics 2012.

Pierre Bourdieu. 2006(1978). 『구별짓기 : 문화와 취향의 사회학』 (*La Distinction.* 최종철 역. 새물결.

Rugman, A. M & D'Cruz, J. R. 1993. "The "Double Diamond" Model of International Competitiveness: The Canadian Experience," *Management International Review.* 7 : 135-150.

The Super Yacht Group. 2013. "2013 the Superyacht Annual Report". ICOMIA. *Recreational Boating Industry Statistics 2012.*

UCINA. 2013. "Boating Figures - Italian Market for year 2012". ICOMIA. *Recreational Boating Industry Statistics 2012.*

색 인

저자소개

최석호

　고려대학교 대학원에서 여가사회학을 전공하여 박사학위를 취득한 후, 영국 노팅엄트렌트대학교(Nottingham Trent University)로 유학하여 크리스 로젝(Chris Rojek)·마이크 페더스톤(Mike Featherstone)·존 톰린슨(John Tomlinson) 등의 지도로 유산관광·텔레비전 드라마·스포츠 등을 연구하고 문화학 박사과정을 수료했다.

　월드레저총회 유치, 레저경영전문대학원 설립, 중국인 관광객 300만 명 유치 학관연계사업 등을 주관하였으며, 현재는 레저경영연구소 소장으로서 레저마켓과 레저산업에 대한 연구에 매진하고 있다. 연구의 사회적 맥락으로서 근대성과 세계화, 이론으로서 문명화과정론, 새로운 작업틀로서 네오투어리즘, 여가실행에 관한 연구로서 레저경영 등을 연구하고 있다.

　저서 및 편저서로는 『중국인이 몰려온다! - 천만 관광객 시대의 한국관광』(백산출판사, 2012), 『여가문화 활성화를 위한 여가기본법 제정안 연구』(한국문화관광연구원, 20012), 『여가의 발견』(일신사, 2009), 『여가와 사회』(일신사, 2008), 『한국사회와 한국여가』(한국출판정보, 2006) 등이 있으며, 역서로는 『진지한 여가』(여가경영, 2012), 『여가와 문화』(리체레, 2011), 『관광과 근대성』(일신사, 2004), 『포스트모더니즘과 여가』(일신사, 2002) 등이 있다.

박정주

서울과학종합대학원대학교 레저경영전문대학원에서 호텔관광경영MBA와 추계예술대학교 예술경영대학원에서 예술경영을 전공하였다. 중국인 관광객 300만 명 유치 학관연계사업, 국립단체 발전전략 및 경영관리시스템 발전방안연구, 축제평가, 문화재단 발전방안연구 등에 참여하였고, 현재는 레저경영연구소 연구실장으로 재직하면서 예술관광과 레저산업을 연구하고 있다.

저서로는 『중국인이 몰려온다! - 천만 관광객 시대의 한국관광』(백산출판사, 2012), 『여가문화 활성화를 위한 여가기본법 제정안 연구』(한국문화관광연구원, 20012) 등이 있다.

정영종

연세대학교 학부와 대학원에서 생물자원공학을 전공하여 석사학위를 취득한 후, 서울과학종합대학원대학교 레저경영전문대학원에서 최석호 원장의 지도로 도시경쟁력을 연구하여 레저경영MBA를 취득하고, 독일 MHMK(Macromedia Hochschule für Medien und Kommunikation)에서 위르겐 파우스트(Jürgen Faust) 총장의 지도로 미디어와 디자인(Media & Design)을 연구하여 석사학위를 취득했다.

리솜리조트에서 덕산스파캐슬을 오픈하고, 제천 포레스트를 기획하였다. 수상레저동력기구 요트조종면허 시험관으로 활동하고 있으며, 국내외 요트대회에도 참가하여 수차례 입상하기도 하였다. 출판사업과 전시회 기획 및 운영 등 레저경영을 하고 있고, 레저경영연구소 레저프로그램팀장으로서 해양레저에 대한 전반적인 관심을 경주하면서 여가산업, 여가프로그램, 도시경쟁력 등에 대한 연구를 하고 있다.

이형주

서강대학교 경영학과를 졸업하고 한림국제대학원대학교에서 경영학 석사(전시컨벤션 전공)를 마친 후, 핀란드 헬싱키경제대학교 경영대학원에서

MBA를 취득하였다. 2003년부터 2013년까지 국내 최대 컨벤션센터인 킨텍스(KINTEX)에서 국제로타리총회 등 행사유치 및 전시회 기획 등을 담당하였다. 특히 2008년부터 3년간 경기도와 공동으로 경기 국제보트쇼의 기획과 운영을 담당하며 국내최초로 국제보트쇼기구연맹(IFBSO) 인증 전시회로 인정을 받기도 했다. 현재는 이벤트 베뉴 마케팅 및 도시관광 회사인 ㈜엑스포마이스의 대표로 재직 중이다. 저서로『MICE산업 대한민국의 미래입니다』(공저, 세림출판, 2009)가 있으며 전시저널 등 전시산업 관련지에 활발히 기고활동 중이다.

옥성삼

연세대학교 신학과(BA)와 명지대학교 여가정보학과(MA)을 졸업하고 서울과학종합대학원대학교에서 레저경영(Leisure Management)을 전공하여 경영학 박사학위를 취득했다. 이랜드를 거쳐 KBS 제3라디오 · CTS 기독교텔레비전 · C3TV · C-Channel · 위성DMB 3040 채널 등의 본부장으로 15년 넘게 방송 및 뉴미디어 현장에서 제작 · 전략기획 · 컨설팅 등을 담당했다. 미디어 현장의 경험과 여가연구를 바탕으로 현재 생활여가연구소 소장 겸 Cross Media Lab 원장으로 생활여가 · 해양레저 · 미디어 · 크리스

천 여가 등에 대한 다학제적이고 폭넓은 연구를 진행하고 있다. 주요 연구 및 수행 프로젝트로는 『여가문화 활성화를 위한 여가기본법 제정안 연구』(한국문화관광연구원, 2012), 『책이 일자리다 - 독서면접 매뉴얼 개발』(한국출판산업진흥원, 2013), 『한국교회 목회자 오디오 바이블』(2012~2014, 근간), "해양레저 비즈니스의 전략과 환경에 대한 연구"(서울과학종합대학원대학교, 2012. 박사학위논문). 기타 미디어 관련하여 S-DMB · T-DMB, CATV · 위성방송 · 웹캐스팅 · 디지털 미디어 등에 대한 다수의 채널 론칭과 컨설팅을 진행하였다.

박철우

DSLR이 보급되기 시작하던 2000년대 초반 이후 본격적인 상업촬영 작가로 활동하며, 주로 인물과 패션촬영을 하였다. 이후 상업촬영 스튜디오에서 촬영실장으로 근무하며 2013년 현재 웨딩 전문 스튜디오에서 촬영실장으로 근무 중이다. 2010년 인물사진 촬영 테크닉을 소개하는 책인 『DSLR 인물사진 촬영 테크닉』을 공동집필하였으며, 사진작가와 사진들을 소개하는 『월간 포토박스』에 사진을 기고하고, 인사동 오픈 갤러리에서 사진을 전시하는 등의 활동을 하고 있다.